Horst Bredekamp

Der schwimmende Souverän
Karl der Große
und die Bildpolitik des Körpers

泳ぐ権力者
カール大帝と形象政治

ホルスト・ブレーデカンプ
原 研二 訳

産業図書

目　次

序
　カール大帝と〈身体図式の形象による行為〉 ································· 5

I. 毛沢東からフリードリヒ・バルバロッサまで ······················ 11
　1. 揚子江の毛沢東：行動力、そして漂うままに ······················ 11
　2. 泳ぐ悦びの史的証言 ·· 16
　3. 溺死の象徴学 ·· 20

II. 泳ぐ ··· 27
　1. 先頭泳者カール大帝 ·· 27
　2. 水泳の階級 ·· 34
　3. アウグストゥス帝を継承する技芸としての水泳 ···················· 41

III. 編む ··· 47
　1. 波打つ髪を編む ··· 47
　2. 猛獣との交戦 ··· 52
　3. 動物園と織り物の至福感 ··· 54

IV. 眼前に彷彿と ··· 65
　1. 象牙製二つ折り彫板 ·· 65
　2. ブロンズの熊 ··· 71
　3. テオドリクスの騎馬像 ·· 75

V. 鏡面化 ··· 101
　1. 彫塑対像としての獅子 ·· 101
　2. 鏡面となるブロンズ ·· 107
　3. 反映の世界 ·· 114

結　び ··· 119
　流体、水と光の ··· 119
　謝辞 ·· 125
　カラー口絵 ··· 127

附　録 ··· 143
　原注 ·· 145
　ヴァラフリド・ストラボ『テオドリクス幻想』 ························ 166
　原典・文献表 ·· 177
　図版出典 ··· 192
　人名索引 ··· 194
　訳者あとがき ·· 197

図1　作者不詳：カール大帝モノグラム付きデナール金貨を掲げる男、AD. 794年

序

カール大帝と〈身体図式の形象による行為〉

　793年に起草された法制史論の紙面の端に、一人の男が紋章ふうの円形を高々と掲げている（図１）[1]。真ん中には二重真円に囲まれたモノグラム、続いて外縁には真珠飾りの模様に囲まれた刻銘があって、フランク国王カール大帝が示される。当時の銀貨で直径２cmのコイン形だったものを（図２）[2]、挿絵画家がちょうど１mの比率で楯型に拡大した。刻銘はしたがって実物のコインとちがって全字母で展開している、すなわち CARLVS REX FRANCORV{M}（カール　フランク国王）。

　中央に記されたモノグラムは KAROLVS の子音 K, R, L, S の綴りで構成される。王の名前は刻銘にあるような CAROLVS の通常の綴り C ではなく、K で始まっていることからすれば、ローマ・ビザンツのモノグラム表記の慣例に従っていることが分かる[3]。さらにフランク王の文字形象が、地中海圏内に通用するグローバルな秩序の印となっていることも見て取れるのである。

　西暦800年のローマ皇帝戴冠後、カール大帝は平常の通貨とならんで新しい高価な銀貨を鋳造させているが、これは通貨というより、記念メダルとか装飾品としての性格が強い（図３）[4]。モノグラムには皇帝の肖像が添えられ、K は刻銘の KAROLVS

図２　カロルス・モノグラム（CAROLVS REX FR）付きデナール、表側、793-814

図3 カール大帝肖像コイン
　　（KAROLVS IMP AUG M）、
　　表側、804年以降

という名前に直結し[5]、グローバルな流通性をあらためて強化するのだが、コインが通用するためには肖像の力が必要だったのだ。古代の皇帝肖像がお手本である。カール大帝を胸像で描くことになる横顔(プロフィール)、それに月桂冠、将軍マントは、古代の皇帝描写法に由来する[6]。

　カール大帝の頭部は様式に添っている。額から直線に伸びる鼻筋はギリシア人の肖像を彷彿とさせ、まん丸の目から鼻翼、上下の唇は、丸い粒に盛り上がって連なり、真珠の連鎖のようである。こういう抽象化した形態要素が連なる観相術、とくに上唇から生じる口髭の個性的なところは、上々の効果である。豊かな顎は太い首につながり、頸筋は雄勁に太くぐっと伸びている。この様式に一致して、耳は大判の括弧型を示している。その後ろ髪の束は先っぽが房飾りとなって盛り上がり、左上から右下へと平行に整えられた髪筋からも入念な整髪ぶりが分かる。髪の流れと顔の点の並び、口髭の鎌形、これらは観賞する者の眼に馴染んでくるばかりか、撫でる指の感触を呼び起こす。

　挿図にデナール銀貨を拡大したのは（図1）、モノグラムの内容を円形盾(クリペウス)へと記念碑化して、古代翼賛の記号としたのである。コインにもそれなりの重量があろうに、男はデナールを指先に乗せている。持ち上げているというよりもバランス芸の風情で、巨大コインは浮遊してイコンとなる。肖像コインの栄誉の刻印（図3）にもまた、さまざまに響き合う意味レベルがある。K文字の記号性格、肖像のオーラ、指に馴染む触り心地。コインはカール大帝の、王および皇帝としての正統性を演出する。コインは記号、図、身体の三和音を頼りにするものなのだ。この点でコインはカール大帝の政治図像学の決定的な構成要素を形成するのであり、今回、西洋史上のこうした重要人物の統治技術を、その象徴政治の面から理解しようと試みる立場からは、コインはその出発点と

なるのである。

　今日に至るまで議論百出のカロリング朝の性格を、こういうふうにして接近可能なものにしようと思う。カール大帝の肖像コインに打たれた刻銘 KAROLVS IMPERATOR AVGVSTVS は、「HERRSCHER（主君）にして KAISER（皇帝）である KARL（カール）」と唱えており、その際 AVGVSTVS という銘は歴史上の皇帝アウグストゥスのことであるにとどまらず、皇帝の地位そのものを指している。全ヨーロッパにあまねく認められるとくれば、とりわけアウグストゥス帝のことだったので、時代の証人がカール大帝を認めるのにもアウグストゥスを引き合いに出す道理なのだ[7]。たとえばアングロ・サクソン圏に生まれた僧カスウルフ Cathwulf が775年頃にこう言うのである、カール大帝の統治と功業は「ヨーロッパ」の誇りと誉れをもたらすものなりと[8]。カール大帝戴冠後の無名氏による献呈詩は、法王レオⅢ世とカール大帝のパーダーボルンでの邂逅（799年）を叙事詩として歌いあげ、大帝を「褒むべき頂き」、あるいは「ヨーロッパの父」とも讃えた。「ヨーロッパに聳える灯台」[9]などというのも印象深い呼び名の最たるものだろう。

　こう高く評価されるのも、教養水準を徹底して押し上げたカール大帝の勲(いさおし)を一覧すれば、議論の余地のないものだ[10]。ところが政治の領域となると、カール大帝の評価は今日に至るも一定しない[11]。彼を政治的に銘記する運動は振り子のように振れてきたが、1965年の第一回欧州会議の折、諸邦を束ねた範例的人物の一人として祝福されたので、さしあたりそういうところに落ち着いたように見えた[12]。こうした回顧の試みの総体的な位置づけにしても徹頭徹尾現在的であってみれば、カール大帝とはお手本であり、警告信号(メネテケル)でもあった。欧州統合という目的に回帰する拍車として、同時にその蹉跌の警告信号として[13]。キリスト教―ユダヤ教―イスラム教の刻印のもと中世ヨーロッパが必ずしも三和音として定義される必要はなかろうという問題提起から[14]、最終的にはカール大帝が新たな定義を獲得できたのだが、それというのも彼がダマスクスにまで至る地中海総体を一体性ある共鳴空間として捉えていたからである[15]。

カール大帝はいつでもアクチュアルな起点である、それも特に巨大版図を束ねる能力を、しかも堅固な制度も持たないままに示したのだから。むろん指揮していた軍隊は有能であったし、776年以来遂行された暴力による宣教(ミッション)は、とりわけザクセン人を帝国へと統一可能にするためにはただ信仰の結束あるのみ、と確信していたからだ[16]。とはいえ、暴力と宣教の連携には反対の声も随伴していた。カール大帝の側近中の側近アルクイヌスは、執拗な洗礼の強制をやりすぎと感じていた。暴力をもってしては如何なる信仰秩序も打ちたてることはできないのだと[17]。

この議論の中心には身体がある、つまりあらゆる政治の標的、究極の境界としての身体であり、トーマス・ホッブスならその基本思想において一七世紀国家の本質であると定義することになるだろう。暴力の問題はこうした広く構えたコンセプトのうちたんなる特例、あるいは極端な例にすぎないが、形象(イメージ)をともに抱え込んでいるのである。身体について語るのなら、その最も直接的な実体的対立項としての形象(イメージ)を扱うことなしにはできない、これがホッブスの確信である[18]。

本試論の守備範囲は以上である。銀貨が演出して見せる記号、形象、身体という三和音の共鳴という意味で（図1、図3）、共同体を束ねる技術がテーマである。ビスカヤからアドリアとバルト海に達する版図が、現代国家のような諸制度なしに結束していたのはどのようにしてなのかを解明しようと思う。段々に連鎖した果てに、命ある自然と命を与えられる形象世界を捉えるためには、カール大帝の統治術を君主の肉体をもとに理解しなければならない[19]。

自分の身体をそのまま、あるいは象徴として使う政治技術には、ことごとくを動員する〈図式(シェマティッシュ) 形象による行為〉が認められるが、その始まりは古代ギリシアの「型(シェーマ)」にまで遡る。図式といえばイマヌエル・カントに特徴的なように[20]、感覚現象を概念図式へと移し替える手段として理解されていたが、それとは違ってギリシアにおけるシェーマは身体の運用に該当した。これは鍛錬したアスリートやダンサーが採用するもので、身体的になぞることが可能な「型(シェーマ)」として意識に像を刻印し、そうすることで演技をスムーズに発動させようとい

うのである。そういう考えを代表する者のひとりプラトンは、身体による型とその作動様態の教理を、ノン・ヴァーバル・コミュニケーションという彼のコンセプトの中心要素として構築した[21]。加えて、身体と形象の境界が危うくなるような発想もプラトンに帰せられるのであり、それによれば人工物が制作されるや――古代ギリシアの彫刻も含めて――身体と紛う模造形象となり、この形象こそ模倣の力とそれに刺激を与える行動の力を生み出すのである。

これが〈身体図式の形象による行為〉(シェマティッシュ)の意味である。それは身体が――「生身の形象」(レーベン・デ・ビルダー)に姿を変え、運動へと編集され、広範に記号となり、身振りしながら――描く型(シェマータ)のことであり、さらに芸術作品、すなわち主に彫像への身体の移行であって、これがアクションを促す推進力を生み出すのである[22]。つまりそれは生身世界の本質を目指すのであって、身体記号と形象様態のばらばらの移行ではなく、相互に刺激交換する世界と見なされているのだ。大方には意識されていないが形象行為(ビルトアクト)のこうした伝統は、今日に至るまで脈々と続いている。現在の形象政治(イメージ)と身体政治をますますもって支配しているのも、この伝統なのだ[23]。

身体図式によって形象する行為とは、古代以後の世界に代わる、とりわけカール大帝が新たに打ち立てた儀礼権力の特色ある形態のことである[24]。カール大帝は身体図式による形象行為のあらゆる要素を鮮やかに導入してくれたので、生身からの距離に応じて相互に差異化する段階で移行形態を追査することが可能である。つまり君主の泳ぐ身体と彼の整髪ぶりに発し、猛獣の狩猟と飼い馴らしを経て、芸術的人工物に命を与え生身の形象に達し、形象作品にアニマを吹き込んで、ついには身体、彫刻、鏡の合奏に極まっていくのだ。

＊＊＊

先行の著作同様レームスタッカーダイクで生まれた本書を、今回はテーテンビルスピーカーのシール港に献呈する。当地の人々はアイダーシュテットのツーリストの賑わいから遠く離れて、この港で泳ぐのである。

図4　アビイ・ヴァールブルク、ムネーモシュネー・アトラス、パネル79、1929年頃

I

毛沢東から
フリードリヒ・バルバロッサまで

1．揚子江の毛沢東：行動力、そして漂うままに

　アビイ・ヴァールブルク制作ムネーモシュネー・アトラスのパネルの一つに、写真と新聞の切り抜きの組み合わせという独特のパネルがある（図4）。ヴァールブルクは特別念入りに絵入り新聞の紙面を貼り付けているが、その国家行事の写真の上には、もう一枚水着姿の男の写真が割り付けられている（図5）。競泳選手のヴァルター・マイアーであり、これは法王とベニト・ムッソリーニの間に締結される政教条約(コンコルダート)の写真の上に重ねられている。ヴァールブルクはこの対比に「これぞわが肉体 hoc

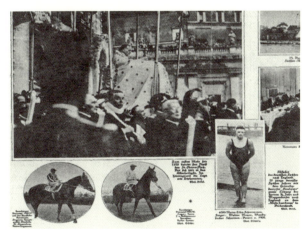

図5　アビイ・ヴァールブルク、ムネーモシュネー・アトラス、パネル79、部分

図6　泳ぐベニト・ムッソリーニ、1930年1月1日

est corpus meum」という見出しをつけた[1]。この注釈にはスポーツマンらしい ☆(アストラル) 体型に聖体儀礼がいきなり重ねられることへの、たんなる揶揄的記述以上のものがあった。むしろそれは長い伝統にのっとって、支配者が身体を直接に見せつけ、筋肉もりもりのあられもなさを証明するのである。ムッソリーニは、こうしたポーズがどのように演出するとどのような効果をあげるかを、さまざまに試みた人物である。多くの機会に彼は自分の体力を誇示し、イタリアの政治的身体をシンボル化しようと試みてきたし、水泳もまた上半身剥き出しの肉体を見せつけるチャンスだった（図6）。

　しかし指導力を肉体で誇示した現代の権力者としては、毛沢東(マオ・ツォ・トン)もまたこれに劣るものではなかった。1956年「游泳」の冒頭は次のような詞で始まる。

　　纔飲長沙水，又食武昌魚。
　　萬里長江横渡，極目楚天舒。

　「纔(わず)かに長沙の水を飲むに／又た武昌の魚を食らふ。
　　萬里の長江　横に渡り／目を極むれば楚天 舒(ひろが)れり」

(『水調歌頭』「游泳」1956.6.6)[2]

この詩が歌うのは、泳者が無事に渡り切った圧倒的な川幅であり、地平線の

I. 毛沢東からフリードリヒ・バルバロッサまで　　13

遥けさを歌い出だすや、曇りなき眼に遠くの山なみと空が映ずる、そのときこのメタファは水泳の歴史的妥当性を表現している。これに続く詩行は波立つ川面への決然たる挑戦と、安全に守られた庭園の煩いのない平穏な散策とを対比する。

図7　揚子江で泳ぐ毛沢東、1956年

不管風吹浪打，勝似閑庭信歩，今日得寬餘。

「風吹き浪打つに管せず、閑かなる庭を歩に信す似り勝れり、
　　今日　寬餘を得たり」[3]

　毛沢東は側近の警告に耳を貸さず珠江でも湘江でも長江でも横断しているが、詞は最初の敢行を歌ったものである（図7）。何万もの熱狂的支持者を前に彼は遥かなる距離をものともしない[4]。毛沢東の主治医李志綏 Li Zhisui がすべての泳行に同行したのに、忠告者の諫止を振り切ったことも、大河の圧倒的流れに身を任せたことも、彼の政治を理解する上で鍵となる。「毛沢東の中国統治法は、己が泳法に倣うものである」[5]。

　3年後の1959年3月、毛沢東は自分と自分の率いる郎党たちが贔屓するアメリカの女性哲学者アンナ・ルイーズ・ストロング、及び女性作家シャーリイ・グラハム・デュ・ボワとその夫、汎アフリカ活動家ウィリアム・エドワード・ブルクハルト・デュ・ボワにインタヴューを受けた[6]。それは10年間のほぼ完全な情報遮断に終わりを告げるものだったので、予定通りの価値を帯び、それゆえ毛沢東が91歳のデュ・ボワの注目を集める壮健ぶりにお世辞を言ってから、自分自身に話を移していったのは、スモール・トークのほんの一部という以上のことだったのだ。「私とて年を感じますよ。でもまだ気力もいくらかの体力

もあります。気力と体力があればこそ、毎年私は揚子江を泳ぎわたることができるのです」[7]。自分は党の高官たちといっしょに規則的に泳ぐのが慣例である。自分は中国の別の大河も横断したし、さらなる横断も狙っているところである[8]。

七年後、毛沢東が73才の折、またもや揚子江に入ったとき、横断遊泳大会は公開パフォーマンスとして演出され、人口に膾炙した言い回しを生みだす。「首領マオ様に続け、強風も高波もものともせず」[9]。毛沢東が尋常ならざる身体的・精神的力を意のままにしているということを、このアクションによって証としようというのである。中国の百姓は通常泳ぐことができなかったし、彼の揚子江横断はミラクルとして映ったことだろう、こんなことはほんの一握りの練達の泳者しか成功していなかったのだから[10]。

行事は写真に残されたが、これに伴う賛辞はやらせの印象であり（図8）[11]、北京の大衆紙で公刊された写真もモンタージュされたものだろう（図9）。同伴者を尻目にこれ見よがしに恐れ知らずにして練達の泳者、毛沢東は精神一到と

図8　大衆大会：1966年7月16日、武漢近く長江にて泳ぐ毛沢東に従う5000人の泳者たち

同時に寛いだ表情をして、そばに泳ぐ者たちの影の射した緊張した顔とは対照的であり、のちに撮影されたポーズに見られるごとく、バスロープをまとって気さくに手を振り、同泳者グループの優等生(サープラス)の姿を見せているのである。こういう演出は国家的肖像のサンプルを示しているのであり、水泳もここでは政治図像学の構成要素となった。

図9　毛沢東、長江を泳ぐ、フォトモンタージュ

　挙句にこの遊泳大会は完全横断の泳者を讃える無数のポスターの題材に取り上げられる（図10）。彼は力強さ、壮健なことにかけて若者たちの代表にも抜きん出て、スポーツの達成力をもって父権的慈愛を放射させているのだった。

　内政上きわめて危機的な状況にあった1966年7月、横断遊泳大会によって毛沢東は再び政局コントロールの力を回復することができた。ひと月も経たない

図10　匿名画家：プラカード「長江横断直後、武漢の大桟橋に立つ毛沢東、中国1966年

8月8日、中央委員会は毛沢東のプランになる文化大革命を宣告した。1週間後、なん百万もの若者が北京に殺到し、6つの大パレードのうち、最初のものがこうして天安門前広場に形成された。大プロレタリア革命運動が解き放たれ、その経過のうちには数万もの人々が命を失い、中国革命の無数の証人が頽廃的として滅ぼされた[12]。こうした苦い結末を招来したのも、水泳パフォーマンスがこうした行動へのライセンスを象徴的に与えたからだ。

毛沢東によってさまざまに演出された、水、身体、権力の間の関係は、ムッソリーニの例にもあるように決して単独例ではない。むしろ水泳は政治的な身体図像学の形態に属していて繰り返し現れるのだ。最近、五つ星運動の党首ベッポ・グリロが2012年ムッソリーニと毛沢東を引き合いにメッシーナ・フォン・カラブリアからシチリアに至る海峡を泳ぎ横断してみせたのも、自分の選挙運動を象徴によってテコ入れしようとしたからだ。彼の場合にも泳ぐ身体の誇示は政治運動と自分自身とを結びつける手段であった[13]。自分の身体の活力を介して、あるいは重要な勝利の瞬間に栄光に満ちたチームといっしょにいることを介して、だれもが ☆(アストラル)型身体のオーラをわが身に浴びようとするのは[14]、民主制を綱領とする文化にも直接・間接に適なっている。これはまた水泳という形象の話なのである[15]。

2．泳ぐ悦びの史的証言

人間と深い水との間には人間学的な刺激が潜在していて、泳ぐ運動はこのことの独特の理解法なのである。航海、魚採り、真珠採りなど水に挑むあらゆる行為には、外海がデーモンのように恐れられた場合でも、不可欠なのが水泳だった。むろん人間が泳いできたのはいつの時代でも楽しみのためだったのだろうけれど。

このことは近代においてさまざまに再追跡できるが[16]、ヌーディズム（FKK）が水泳の際に発明されたということは断じてない。海と河川の岸辺で泳ぐ風習

Ⅰ. 毛沢東からフリードリヒ・バルバロッサまで　17

図11　お堀での水練、1480-1483

は16世紀末には一般に見受けられる。百科全書家トマーゾ・ガルツォーニが断言していることであるが、イタリアでは適度な広さがあればどんな浜辺や河川でも遊泳や競泳が行なわれた。「われらの時代、イタリアではヴェネツィア人もジェノヴァ人も泳ぎながら勝利の椰子を掲げた。どの海浜にも河川にも、それを授かろうと大勢の者たちが手を伸ばしてくるのだ。」[17]。英国ではかの時代こういう身体鍛錬は大変好まれたので、水泳伝授の初のハンドブックが出版されたほどである[18]。その数世代前、1538年、ドイツでは泳法の、特に平泳ぎの、初のレキシコンが登場している[19]。15世紀のフランス語の記述では、水練が市壁を囲む川、あるいは海で行なわれている様子がつぶさに示されている（図11）。その挿画では、泳者はぴっちりした白いパンツを履いているか、あるいは真っ裸であることが分かるが、観衆がそれに関心を払うふうはない[20]。

　15世紀末の最初の大判フィレンツェ市街図、いわゆる「連鎖地図」は、アルノー川の岸辺に網で漁し泳ぐ若者らの姿を、水辺の観衆ともども牧歌的光景(アモエニッシュ)として描いている（図12）。同じくピッチリとしたパンツをまとっただけの男

たちの一人が、流れに頭から跳び込むところなど、15世紀フランス語版挿画に同じである（図13）[21]。一連の古代の描写はこのモチーフが伝統であることを証明するものである（図14）[22]。

　中世でも裸体かパンツ姿で泳ぐのである。近隣に水の便があれば、百姓と家畜は狩人同様仕事の後に、体を流したり泳いだりして体を漱いだ。とりわけ夏の日の描写にはこうした場面が多く伝えられ、たとえば1416年頃に制作された『ベリー侯時祷書』やフリードリヒ二世の『鷹狩りの書（ファルケンブーフ）』の挿図にも見られるところである[23]。乗馬、弓術、拳闘、鷹狩、チェス、詩作と並んで、水泳は中世における騎士の習得すべき基本のたしなみである[24]。町中での水練習慣の唯一のドキュメントとしては、エボリスのペトルスが1220年頃に完成した『プッツォリの水浴 De balneis puteolanis』のあまたの描写のうちに、丸裸で水浴場を訪れる者ありと記録がある[25]。

　泳いだ場所は田舎や町中の水浴場に限らず皇帝や法王の中庭にもあった。泳ぐ皇帝についての報告の中でも目立つのは、皇帝オットー二世がサラセン軍から逃れた事件である。伝承によれば皇帝は982年コトローネにおけるサラセン軍との戦いのあと、泳いで危機を脱することができ、そのおかげで虜囚の辱めを受けずにすんだ[26]。1012年から1018年の間にティートマール・フォン・ベルゼブルクが著わした年代記では、皇帝が「泳ぐ体力と技をよすがに」すぐさま救われたと強調されていた[27]。

さらに印象深いの

図12　ルカントニオ・デリ・ウベルティ：フィレンツェ連鎖地図、部分、1500／1510頃

図13　水浴する若者たち、15世紀

は、フリードリヒ・バルバロッサが公海で泳いだという報告である。1155年6月18日ローマでの皇帝戴冠のあと、アンコーナへと移動していったのだが、その近郊で代官オットー・フォン・ヴィッテルスバッハとともにアドリア海で水浴をした。これは代官にして宰相ライナルド・フォン・ダッセルの報告にあり、ふたりが1158年5月初めにフリードリヒ・バルバロッサに宛てたものである。「われわれはあなた様と代官が水浴なされた辺りで海につかりました」[28]。こういう行動の思い出話は、ともに水泳することがどれほど大事だったかを示している。

最も魅力的な水泳描写は、イノケンティウス三世（1161-1216）

図14　赤絵カリクス（萼）型クラテール（甕）、紀元前 ca.430年

がスビアコの貯水湖に1202年に設置した休暇施設についての報告にある。名前不詳の著者によれば、水は「四大(しだい)のうちでも最も高貴なエレメント」なれば[29]、湖の水質は水晶のように澄んで、法王自ら「聖なる手」を浸して喜ばれ、これを汲んで口を漱がれた[30]。お供の聖職者の面々も大いに泳いで、人というよりさながら魚の如くなりと[31]。集団遊泳について満足げに伝える様子は、フリードリヒ・バルバロッサが数十年前に一緒に泳いだのを嬉しそうに追憶するときの様子に似ていた。

3．溺死の象徴学

フリードリヒ・バルバロッサの死

とはいえ好事魔多し、泳ぐ楽しみは災厄となることもあった。フリードリヒ・バルバロッサの場合がまさにそう。1190年6月のこと、第3回十字軍遠征のおり、皇帝はセレウキア（シリフケ）近郊サレフ川で溺死した。同時代の報告から類推するに、ある酷暑の日に流れを横断したあと皇帝は浅瀬で一服すべく川の真ん中に泳ぎ出て、そこで不可思議な状況のもと、溺れてしまった[32]。これが溺死の、今日に至る最も名高い例である。

おびただしい報告に繰り返されるこの事件は[33]、またさまざまにイメージ化されている。たとえば1270年と1280年の間に起草されたザクセン世界年代記のゴータ版。その短い記述「皇帝は水浴びせんとて溺れけり」に彩飾挿画(イルミナツィオン)が添えられ、さらなる詳細を存分に見せてくれる（図15）[34]。皇帝が出征途上にある様子は、川の両脇にそびえる防塁によって際立っている[35]。その胸壁の形状は、皇帝が水上に掲げる王冠の形状に照応する。とはいえこの権力表徴は王の身体が裸形であることにマッチしないが、腰のあたりの白っぽさは、15世紀の描写に示されてきたようなパンツのようなものを暗示しているのかもしれない（図11-13）。皇帝の無防備な裸身は、側面からの描写によっても相乗的に強調され、その結果、彼は極端に拡大され、川の全幅を占めてしまう。川の深さを目立

せる3匹の魚が、泳ぎ手の下で水の青の中に認められ、逆巻く流れの厳しさと速さは波のうねりで表現されている。フリードリヒ・バルバロッサの死が理解に苦しむ不運と見なされたのは、溺死が特別に残酷で不名誉な死に方であると考えられていたからだ。そのうえやっかいなのは、皇帝に臨終の秘蹟を与えるチャンスがなかったこと[36]。波のうねり方からすれば、流れが速いとか、ものすごいのだと思わせるのだが、それは自然が圧倒的だったのだということを強調して、彼に非があったわけではないと言い訳していたのかもしれない。こう解するのも、彼が岩か丸太にたまたまぶつかって泳ぎを続けることが不可能となったという報告と同じ線上にあったからである[37]。

そのうえにおびただしいヴァリエーションが、皇帝の率いる十字軍を阻んだ不運を転じて救済契機に変えようと試みている。たとえばギスレーベルト・フォン・モンス（Gislebert von Mons）が『ハノニエンセ年代記 Chronicon Hanoniense』の中の強弁によれば、皇帝は従者の助けで「陸（おか）へ」救出されたものの、それから1週間たって風邪で亡くなったのだとされている。年代記によれば溺死の報告は根拠のないことなのだ[38]。アルベルト・フォン・シュターデは事実を曲げてでも事件から暗い影を除こうと努めながら、フリードリヒ・バルバロッサの溺死を、そうではない、神の意志に適った行為だったのだと、解釈をひっくり返した。今際の際に彼は水死を洗礼であると定め、彼の存在を

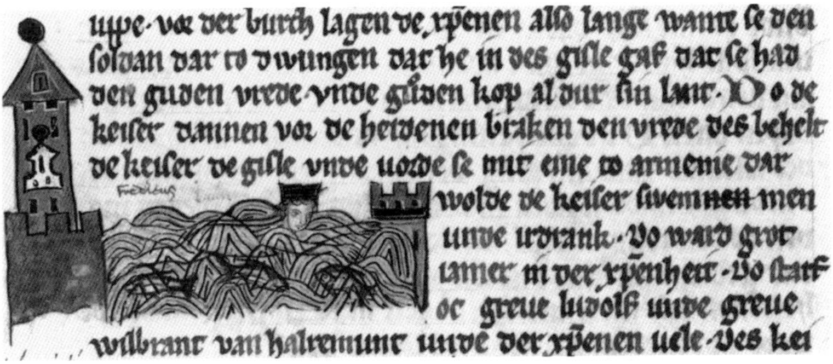
uppe· vor der burch lagen de xp̄enen also lange wante se den
soldan dar to dwungen dat he in des gisle gaf dat se had
den guden vrede unde guden kop al dur sin lant· Do o de
keiser dannen vor de heidenen braken den vrede des behelt
de keiser de gisle unde wolde se mit eme to armenie dar
wolde de keiser swemmen men
unde irdrank· Do ward grot
iamer in der xp̄enheit· Do starf
oc greve ludolf unde greve
wilbrant van halremunt unde der xp̄enen vele· Des kei

図15　サレフ川でおぼれるバルバロッサ、ザクセン世界年代記、1280年頃

図16　サレフ川に溺れるバルバロッサ、1196年

殉教者と決定したのである。「十字架上の神の子に祝福あれ、われを水にて抱き留め、これにてわれをキリスト教徒となし給い、あらためてわれを救い出し、殉教者となしたもうた！」[39]。溺れることによる死亡が、これほど効果的に、神の思し召しに適う行為へと焼き直された例はなかったのではないか。

　推定1196年に著わされたペトルス・フォン・エボリの皇帝年代記は、皇帝の死を神に望まれた昇天であると宣告することで話の両極を入れ替えた[40]。これに添えられた挿図（図16）は左側から迫る軍隊を示し、その先頭は皇帝その人で、馬もろとも流れの中へと転落している。天使が一人、むつきにくるまれた死者の魂を天へと届け、天では神の手が魂を受け取っている。転落は魂の救済へと注ぎ込んで、テキストの趣旨が貫徹された。

　転落は、さながら〈フォルトゥーナ（気まぐれの女神）の梯子から足を踏み外す「高慢」〉という寓話をお手本になぞったかのようであるが[41]、その転落ぶりの派手さからすると、画家の心を強く動かしたのは明らかに没落のドラマチックさであって魂救済の平安化ではなかった。王冠ははや水底にあり、川の

流れは筋状に皇帝の体を包むので、押し流される体はあたかも命のない人形のようである。挿図家がフリードリヒ・バルバロッサの死についてペトルス・フォン・エボリとは違ったイメージを持っていたのは、疑問の余地がない。画家の耳に届いていた話は、皇帝の惨めな死がその落ち度や非難さるべき政治に対する神罰だというものだったのだろう[42]。この描き方は承認しがたいと感じられたのか、上梓されたすぐあとに上描きされた。この上描きが部分的に剥ぎ落とされたのは、ようやく20世紀初頭になってからである[43]。

皇帝の水死から不名誉を取り除こう、救済史的展開を与えようという試みがなされた背景には、アラブ側から見ても皇帝の死が格別に恥辱と見なされたこともあった。たとえばこの時期の年代記編纂者イマド・アド-ディーンがフリードリヒ・バルバロッサの死について伝えることには、皇帝は川の狭まった浅瀬を利用しようとした。「そのときかの恐るべき専制君主は水没し、欲に駆られて欲の対象から追い立てられ、川中にて丸太にぶつかり、額を打ち割られ、力も失せ、蹣跚としてもはや蘇生も望めぬ。［……］かくして神の敵は非業の死を遂げたのである」[44]。キリスト教徒の解釈者があれほど絶望的に解釈変更しようとしたのだから、バルバロッサの敵にとっては溺死の惨めさは尚更ざまー見ろだったのだ。

水浴はローマの温泉浴の遺産をキリスト教徒が受け継いだのかもしれないが、アラブ諸国、とりわけスペイン南部では、イスラム教徒評家にはご愁傷様、飛びぬけて人気があったと重ねて付け加えておかねばならないだろう。水浴の快感が風景美による情感刺激と結びつくのであればあるほど[45]、身体戒律の厳格なイスラム教徒の実践からすれば、異教徒にも解放された男も女も服を脱ぐような水浴施設などありえない、いっそうキリスト教徒からの輸入に決まっている、と考えられていたのだ。心地よい水のあるところ、「紅蓮地獄への入口」あり[46]。この考えに添えば、皇帝の死はキリスト教徒の堕落した特徴をその代表によって証明した自業自得の所業だった。

溺死するサラセン人

　結末は逆転して、水泳能力が文化の区別手段となっている。サラセン人との区別基準として水泳能力を導入した唯一の原典に『ローランの歌』がある。それはフランク族が、778年、イスラム圏スペインへ侵攻してサラゴサにまで達した時の話である。これまた何という災厄を招来したことか、ロンチェスヴァル Roncesvalles のピレネー峠近く、バスク兵団によってしんがりを殲滅されるさなか、カール大帝の最も忠実なる友人である辺境伯ローラン（Hruotland）を失ってしまうのである。カール大帝が終生挽回できない778年8月15日の敗北は、1100年頃の古フランス語版ローランの歌、1140年頃のラテン語版と1170年頃の修道僧コンラートの中高ドイツ語版——おそらく獅子王ハインリヒ大公と第二夫人マチルデの注文によって創作されたとおぼしい——では、反対のものに反転する。

　カール大帝のスペイン大敗をせめて雰囲気なりと勝利に裏返そうと試みるこうした叙事詩は、泳げば助かる、あるいはこれがなければ溺れてしまう能力を、サラセン人と区別する判断基準として提供した。なかでも聖職者コンラートによって起草されたローランの歌ではサラセン人は一再ならず溺れる者として描かれる。この作品のおそらく最大の惨劇シーンはサラセン兵士が自分の血の海で溺れるところである：

　　血が大地を迸った。
　　彼らは馬と騎士を叩きのめした。
　　死者たちが彼方へと押し流される。
　　奴らの溺れるさま、哀れむべし！

　没落のこうした形式は、サラセン人の己が血の川への入水によってさらにレベルがあがる。「多くの者が自ら溺れ死にした」。唯一生き残った者の処刑を前に、お前はお前の首領の「後を追って泳げ」、と嘲られるのである。あたかも

Ⅰ．毛沢東からフリードリヒ・バルバロッサまで　25

作者がこうした言語イメージの血の渇きに溺れるかのごとく、さらなる箇所でサラセン人は自ら流した血の奔流へと沈み、溺れるシーンが続く：

奴らは己の血の中を泳ぎ、
窒息し、溺れ
地獄の淵に沈んでいった。

図17　皇帝ルートヴィヒ廟、セバスティアン・デュードンヌの元絵によるスケッチ、1770年頃、部分

　地獄の川でのこのような死に様は、エブロの自然河川でやはり自ら溺れることを選択した集団自決に対応する。この場面のそれぞれにおいて敵軍は溺死という惨めな死に方をしていった。

　こうした空想の残虐さは、いかにフリードリヒ・バルバロッサの溺死が悪運と受け取られたかを、あらためて明らかにするものである。キリスト教徒の支配者は水面から沈まないでいる能力、泳ぐ能力、水を制する能力を持っていなければならない。カール大帝の息子、皇帝ルートヴィヒの場合はこのモチーフが死後の世界にまで持ち越されている。彼は古代末期の石棺を用意させ、イスラエル人たちが紅海を横断するとき、大海を前にした神の救いの手をテーマとして彫らせている（図17）[54]。

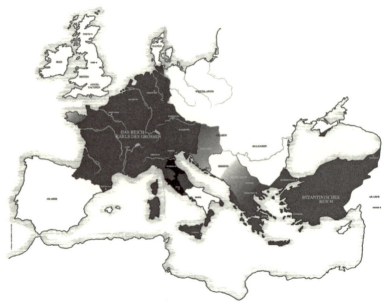

図18　ヨーロッパ地図：800年頃のカール大帝の版図

II

泳ぐ

1．先頭泳者カール大帝

アインハルトの泳法の書

　アインハルト（エインハルドゥス）は、オーガナイザー、芸術の専門家、助言者兼参与としてほかの誰よりも近くに侍ることが許された存在で、カール大帝の一代記では水泳の件にも言及がある。カール一代記のうち、皇帝の外見の身じまいと身体的習慣に捧げられた第22章は、もっぱら水泳のみを扱った端倪すべからざる一節で終わっている。

　　カールは熱泉の癪気を愛し、大いに泳ぎ、また堪能にして並ぶ者がない。アーヘンに宮殿を立てたのもその故であり、生涯の終わりまでしきりに当地に滞在したわけであった。息子たちにとどまらず、最良の面々に友人たち、時には侍従や近衛兵まで水浴に誘った。彼とともに水を浴びた者が百名を超えることも稀ならず[1]。

　報告は短いが、文飾なしに圧縮されて、いっそ内容に富んでいる。都合４つの文章それぞれが、カール大帝自身とアーヘンの町と皇帝の統治スタイルにとって格別に重要な独特に複合した内容を含んでいた[2]。

アインハルトが伝記をまとめたのは、カール大帝崩御およそ15年後である[3]。この時間の経過はフィルターとして作用し、本文にほとんどモノトーンと言ってもいい堅実さを媒介している[4]。記述を印象深くしているのは、共感に裏打ちされたアインハルトの飾り気のなさである。彼はカール大帝の雅量と心の強さを主な性格として顕彰している。こうした威風(マグナニミタス)は折にふれての優越の身振り、たとえばカール大帝がザクセンの頭領ヴィドゥキントを決定的に打ち負かしたのち恩赦を与え、養子として迎えたところなどに現れている。これに劣らず重要なのは構造的特徴で、皇帝があらゆる儀礼行動のコードを郎党の共感と信頼の上にくりかえし築くことができたのも、このおかげであった。この統治者の驚嘆に値するところは、彼が自分の躓きの石であり自慢の種でもあった卓越した技能についてまるで距離をとっているかのようで、まさにその点で秀でていることである。水泳はこの限りで明らかにランキング上位を占め、だからこそアインハルトはその伝記の窮屈の全体量の中でわざわざ水泳に比較的広いスペースを割く気になったのである。

アーヘン水源の活用

アインハルトの本文はカール大帝の温泉偏愛と水泳熱の記述で始まる。「カールは熱い自然源泉の蒸気を好み、おおいに泳ぎ、誰も彼には適わぬほど練達であった」[6]。伝記作者には自明のこと、テルメでやることといえば、ほんとうに水泳であって、たんに水にひたる程度のことではない。Natatusという概念も、深さのある水中で泳ぐことを指している。カール大帝がこの運動をこれほどしばしばしかも持続的に行なっており、帝国内のだれもこれに匹敵し得ぬとアインハルトが強調しているのは、水練がいつも競泳に終わるからである。

パーダーボルン叙事詩の作者が知らせるところでは、カール大帝は狩猟隊の参加者たちに抜きんでて背が高かった[7]、そして、事実、同時代の基準からすれば1.90mの体格は巨人だった。泳ぐ楽しみは、ここでは身体的優越を誇示できるというのも動機となっていたかもしれない。アインハルトの言葉によれ

ば、これこそがカール大帝を帝国の先頭泳者となしたのである。

　アインハルトの説明の内でもっとも驚くべき点は、なぜアーヘンがフランクライヒ（フランク族領内）の中心に格上げされたか、の理由に関してだろう。この町がカール大帝治下、恒常的滞在地へと整えられるべく選ばれた理由は何か、これについては多く弁ぜられた。アドリア海、西地中海から大西洋、北海、ついにはバルト海に至るほどの領土なのだから、アーヘンが真ん中とはあり得ないことだった（図18）。フランクフルト・アム・マイン、マインツ、なによりインゲルハイムとメッツだったらこの役目にもっとふさわしかったろうし、ヴォルムスなら教養文化の中心地ロルシュに近いという理由で名乗り出てもよかったろう。アーヘンについてはリゾートふう僻地としてなら話題になるていのものだったが、アインハルトは別の理由を挙げている。彼によればアーヘンをフランクライヒの中心に押し上げたのは、温泉と、この地ではたっぷり泳げるという理由だった。「されば彼は宮殿をアーヘンに建て、亡くなるまでの晩年を、引き続いて当地で過ごしたのである」[8]。

　アーヘンの強みは古代から続く浴場の伝統にあった。皇帝アウグストゥス以来、テルメがプールの周辺に拡張設置され[9]、これがどうやらアーヘンに有利に働いたもようである。ローマ軍兵士の撤退線であり保養地として[10]、ローマ帝国都市アクイスグラヌムが大規模な広場施設を、すなわち50×10mの広々としたホール、回廊教会と豊かな浴場と水泳の施設を設置した[11]。これらテルメの位置は、今日分かっているところによれば、いわゆるカイザー・テルメの敷地内（テルメン・アム・ビュッヘル）にあり、新しく整備したのは、カール大帝だったと推定されている（図19）[12]。それらは中心部に13×9mの方丈水盤と（図19、Nr.19）、巨大な後陣を具えたおよそ14mのプール（図19、Nr.28）を持っている。最後に水源の水盤は約34×10mの大きさで現代の設備に匹敵し、水泳用に使われていた（図19、Nr.2）[13]。

　2001年、Nr.28の水槽のコンチャ（半円後陣）の発掘によって、水泳にふさわしい規模が明らかになった（図20）[14]。陶片の調査が示すごとく、この水槽

は後期メロヴィング朝あるいは初期カロリング朝時代に埋められていたのを、どうやら新しく使用した[15]。もしかすると古代浴場はローマ支配の末期にも、これまでの想定と違ってずっと無傷で残っていたのかもしれない[16]。建築研究の最新の成果によればカール大帝の父ピピン三世がすでにアーヘン町を古代テルメ施設のゆえをもって高く評価していた[17]。こういうことが分かってくると、ノートケル・バルブルスの報告もあながち作り話ではなくなる。彼のカール伝によればピピン三世によって遂行された浄化活動によって療養泉への一般の入

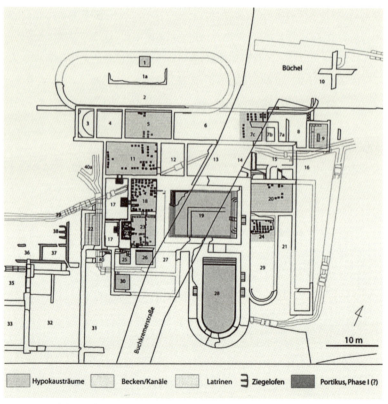

図19　ビュッヘル・アム・テルメン地図、アーヘン、2013年

り口が再び確保できたというのだ。「アーヘンにおいてまだ浴場の施設を建てる前のこと、熱く、おおいに効能高き源泉が噴き出したおり、彼は侍従長に源泉が浄化されているかどうか見にやった」[18]。ピピンはまだ荒蕪地のままの源泉の湧出口を訪ねたというのだ。そこで彼は「仇敵」に出会うのだが、剣を地面に突き刺して引き抜くことがならず、十字を切るしか身を守る術がなかった。

図20 水盤及び水盤内陣、ビュッヘル、アーヘン、2001年

人間の姿めいた地獄の使者はそこで源泉を「カビ、血、忌まわしい汚物」で汚した。ピピンはしかし水への信頼篤く、水は熱泉というあり方で汚れを取り除くことができるだろうと言う。侍従長に曰く、「この汚れた水を洗い流すよう、きれいになって流れる水の中で水浴できるよう」[19]。ピピンは十字印と勇気によって地獄の勢力を追い出してしまい、アーヘン源泉の自浄力、一種の自己洗礼という水浴によって引き受ける。こうした療養／救済史的浄化にもかかわらず、ノートケル・バルブルスの報告は、アーヘンの水浴事業の新たな開始はすでにピピン三世で始まっていたという考古学的調査結果を裏付けるものである。

　この一帯に新たな価値を刻もうというカール大帝の努力は、パーダーボルン叙事詩では数行にまとめられる、「ここに更なる温泉を開くよう努め、自然に

沸騰するお湯を受けとめ、段状の大理石からはベンチを切り出した」[20]。この詩はベンチの大理石に言及してアウグストゥス帝のローマを仄めかしているが、たぎるお湯の報告は表面計測約55度の温度のことである。

アインハルトとパーダーボルンの作者の指摘する施設は、皇帝の館の南東に位置した。大寺院と左手南方へと曲がるアトリウムと西に位置する王の広間を具えた全体の構成をレオ・ユーゴが描写すると、手前右には、施設の再構成を見ることができる。それは多くの点で創作であるが、少なくとも雰囲気的には納得のいく図を提供している（図21）[21]。アインハルトがカールは他の者たちを「水浴びへ」(アド・バルネウム)招待したときのことを詳しく報ずるとき、中核となる王の館とこれらの敷地に広がる距離は大したことはないと考えられているようだ。源泉・浴場・水泳のゾーンの配置と並べ方は、その全体の規模といい、これまで完全には解明されていなかった。内陣つきの古代プールはおそらくカール大帝の父王の時代にはもう部分的にでも再開されていたもようで（図20）[22]、パーダーボルン叙事詩で報告される拡張工事はこのことに違いなく、こういう事情は施設全体が著しい規模を誇っていたことを示し、それはアインハルトの申し立てと建築史的証拠にも明らかに一致する。

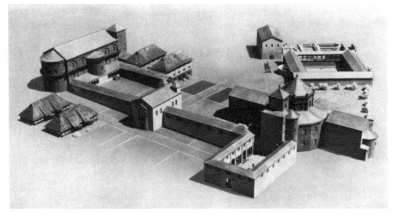

図21　アーヘン王宮の再現モデル、左端に聖堂と講堂、右手前に水浴地域

アインハルトの冒頭の解説に曰く、カール大帝はチャンスと見れば泳いだ。つまり話はアーヘンに限るはずはなく、王館から王館へと移動する君主にとって、河畔都市ではないアーヘンよりもっとふさわしい自然にかなう場所はあっただろう。であればなおさらテルメ一帯の浴場及び水泳施設が重要なのである、結局、そのおかげで野外の水泳チャンスも増えるからだ。

　パーダーボルン叙事詩は少なくともそうではないかと思わせてくれる。アーヘン水浴施設のベンチに関する仕事に言及した後で、さらなる配水が登場する。「熱泉から絶え間なく吹き出る湯、そしてそれはせせらぎとなって分流し、四方へと散開して町中を覆っていく」[23]。幅広い小川（rivos）の存在は、ヴァラフリド・ストラボによる皇帝ルートヴィヒ賛にある簡潔な発言によっても補強される。浴場と並んだ用地を眺めてみれば、これは「素晴らしい森、そして緑の草原を走り抜ける／小川のつぶやきが聞こえる volantia [...] murmura rivorum」[24]のであると。この証言によれば、ここにあるのは細流だけではなく、力強い水流であり、これが泳ぐ、あるいは少なくとも浴びる可能性を提供した。憶測かもしれないが、少なくとも rivus という概念によれば流れというのは、川の水量ほどではないものの水量豊かな小川と考えられ、要するに泳ぐのに適するよう水を溜めて池となしたのだ。

　13世紀に起草された世界年代記においてアルベリヒ・フォン・トロワ－フォンテーヌは、794年の施設はこのような段状になっていたことにふれている。カール大帝の水浴施設についても簡単に以下のように述べている、「彼はここに熱水と適度な冷水を備えた浴場を建設したが（vel）、当地にはそれらがすでに存在していたことからすれば、むしろ補修を施したといえるだろう」[25]。「…が（vel）」というのが、今と古代の施設を区別している。これが既述の舞台構成（セナリオ）を明らかにする。たとえ年代記が数世紀を隔てて回顧しているとしても、今日から見て妥当である。先ず古代施設の補修はおそらくすでにピピン三世の治下に始められ、その後に熱水と温水の湯槽の新しい設備が加わったのである。

2．水泳の階級

差異化される平等

　アインハルトによるカール大帝伝の水泳に関わる文章には、総括となる第三の要素、共同体としての水浴びに言及がある。水泳が決してナルチシズムの自己演出ではなく共同体を狙った肉体提示だったことは、両文章が明らかにするところである。カール大帝が自分の愛する水泳を、共同体を生み出す社会的等級の演出に利用しているのは、明白である。「息子たちにとどまらず、最良の面々に友人たち、時には侍従や親衛隊まで水浴に誘った。彼とともに水を浴びた者が百名を超えることも稀ならず」[26]。

息子たち

　真っ先にアインハルトが挙げるのはカール大帝の「息子たち (filios)」である。彼らは間奏曲(ツヴィッシェンテーネ)の役回りなのだが、それというのもこうした近親者の名前を挙げることはひとまず無害ながら、アインハルトが伝記をまとめた時点ではそれは挑発的とはいうより、目的をわきまえた行為だったのだ。

　水泳は教練のひとつなのだから、息子が挙がるのはとりあえず疑わしいところはなにもない。息子と娘のための教科には平等にまずラテン語、論理学、修辞学、幾何学、算数、音楽、天文学、哲学が組まれ、身体基礎を修得する息子たちは乗馬、狩猟、軍事教練で鍛えられることになっていた[28]。

　水泳はまた新兵教育のひとつだった。古代ローマの唯一伝わる兵法書、プブリウス・フラウィウス・ヴェゲティウスの兵法書は今は紛失してしまった軍事に関わる議定書の集成なのだが、水泳には一章すべてを捧げている[29]。ヴェゲティウスの論文は中世全体を越えて生き残り、軍隊における水泳の地位はこの書を経て守られた[30]。神学者にして自然学者としてむしろ著名なラバヌス・マウルスの軍事書『ローマ軍備論 De Procinctu romanae Miliciae』は、水泳をカロリング朝軍隊の兵士たちにとっての修得義務であると書き記している[31]。

筆頭の共-泳者として息子たちに言及する点には、こうした軍人としての鍛錬ばかりでなくカール大帝と子供たちのきずなが目立つのである。アインハルトは伝記第19章に、大帝が子供たちと緊密な関係にあったと強調している。娘たちの場合には、彼女たちなしにはいられない。アインハルトが言うには、死ぬまで身辺から彼女らを離さず、結婚もさせず、彼女たちとしてはもちろん恋愛沙汰を起こすのだが、父親はわざとこれを無視する[32]。息子たちについてもまたカール大帝はできるだけ日頃から手元に置きたがり、食事はいつも共にし、旅もまた隣り合わせに馬に乗るのだ。カール大帝は婚姻内の息子と娘を5人ずつ、婚外庶子については知られているだけで3人の息子とひとりの娘がいたが、子供たちへの愛着はひとかたならず、何のわけへだてもなかったという。

　しかし、だからこそカール大帝の治世全体を通じて相続問題がにぎやかなのだ。後継者は如何なる者がいいのか、王としての品位が優先か、世襲の規定が大事か、官僚の理解も揺れ動いた。規定では後継者決定の権利は君主の手中に委ねられ、最上の者を選択するためには弾力的処置が許容されていた[33]。

　こうした散漫な趨勢では、彼の家庭生活が想像させるほどには空気は闊達なものではなかった、そのことをアインハルトが、792年、カールの息子ピピンによる共同謀議発覚事件を例に暗にふれている。それはカール大帝を殺害し長子相続者としてピピンを王位につける狙いだった。国事犯の摘発後、共犯者3人が処刑されたが、ピピンは免れ、流刑地トリアのプリュム僧院送りとなる[34]。カール大帝のつもりとしては、時を見はからって長子に共同統治という形で継承させよう、それもピピンが「美形」ではあったが背に瘤があるからという思いやりであったというのだから、なんとも皮肉な話である[35]。カール大帝にとってピピンに王位継承権を移すのをためらう理由のひとつがこういう負の事件だったのだが、カロリング支配権を確立することにおいて今なおくすぶっている資格認定問題を見据えると、この理由が決定事項であるとは決して受け入れられてはいなかった[36]。

　収束状況はそれだけいっそう複雑となった、なにしろこういう状況がひっく

り返って、長子相続の謀議に正当性ありと認められるに及んでは。かの君主がことをもはや法廷で支配せず、軍事行動を遂行せず、騎士としての姿をまっとうせず、馬を力強く乗りこなさず剣を佩くことができず、そして一般に信じられていたことによる耳盲(みみしい)、あるいは弱視でしかないときては。そういうわけで少なくともバイヴァーレン（バイエルン人）の権利は形となった[37]。少なくともバイヴァーレンにとっては肉体的精神的統率力なき人物に対して同時代人に抵抗権があるとすれば、このことはそのポジションを先ず要求した人物たちにも認められるべきである。カール大帝がこうした思弁のすべての芽を摘むことができたのが、水泳なのだ。彼はこの優越的素質をまさに第一子との対照において演出したのである。

　皇帝ルートヴィヒの統治下、アインハルトがカール大帝伝を起草した時点では、カール大帝の実子たちと孫たちの間の争いが険しさの極に達していた。皇帝ルートヴィヒの息子ロータールがアインハルトのところで、父王を退位させることで抵抗権を喧伝できるだろうか、と探りを入れた時、アインハルトは服従義務を傷つけてはならないと厳しく諌止した[38]。しかしアインハルトのシンパシーは自分の代表する遵法原則とは関係なしに、彼のかつての生徒ロータールの側にあったのである[39]。彼がこの時点で皇帝ルートヴィヒ夫妻から内心離反していたのは、子孫に対する夫妻の無理解な仕打ちのせいで、つまりルートヴィヒは奇妙にも彼を憎む者たちと親しくなり、彼を愛する者たちを憎んだのである。息子たちに服従義務があるのなら、同じく息子を愛することが父には課せられた[40]。

　息子たちといっしょに泳ぎに行くカール大帝に関するアインハルトの覚書は、こうしたことを背景とすると驚愕の衝撃力を帯びる。水泳には二重の意味があった。息子たちに対して手の届かない統治能力を見せつけること、同時に息子たちへの混ざりけのない愛情を示すこと。アインハルトが828年と829年に現在の紛争状態の合間にカール大帝伝を起草したのは、皇帝への警告となしたに違いないのだ。つまり、皇帝ルートヴィヒが息子たちに服従義務を要求するか

らには、父としての愛情義務もまた要求されますぞと。

オプティマテス（最良の面々）

息子たちに続いて二番目に「最良の面々（optimate）」が挙げられる。彼らは古代ローマでは議員に属する者たちのことであった[41]。本来の概念からはのちのち貴族に列せられる者たちであるが、しかしこれには限定されない[42]。この称号はそれゆえ次のような根本的な疑問に関わっている、すなわちカール大帝は貴族たちを彼の統治の背骨へと昇格させたのか、あるいはメロヴィング朝の伝統どおりむしろ有能な官僚の流動性を足場としたのか[43]。公務を遂行するが王とは忠実な奉仕関係にある侍従(ミニストリ)にも、それはまた関係してくる。超個人的任務に従う前国家的組織の一員として、および個人的に帰属させられた封臣としても、彼らは両義的ポジションを占めるのだ[44]。オプティマテスの概念はこうした国家理論的に意味深い中間官位を包摂する。アインハルトがここで語っているのは、貴族に列せられるかどうかにかかわらず財力・能力・業績に秀でた人物についてである。政治路線を転換する助けとなった「助言者(コンシリアリイ)」たちのことであろう。ここでは彼らはアーヘンに常在した役人たちの統率者と、ただ年度集会の折に町に滞在するだけの貴族と教会有力者との間をとりもたねばならなかった[45]。宮廷役人の有力者や、裁判と陳情の責任者としての宮中伯、家政の支配人としての侍従長とサーヴィス組織者としての宮内行政官が、アインハルトのいう「最良の面々」のことであるだろう[46]。アインハルト自身はこのグループに入ってもいい資格があったが、それは泳ぐついでとか、アーヘン浴場を訪ねたからとかいうほどの動機にすぎなかったろう。

友人たち

「最良の面々」には「友人」（amici）が含まれる。友情（amicitia）は歴史的理解ではたんなる個人的結びつき以上のものだった。それは生涯にわたる、原則的にも相続可能な相互の共感義務と忠誠義務の性格を帯び、君主と外国の王、

皇帝および法王との関係を規定した[47]。カール大帝の治世ではこの規定は生きていたが、個人的レベルは拡大された。カール大帝が亡くなる3年前に彼のすべての所領地の分割を告知したとき、この拡大は目を見張るものだった。その分割はたしかに遺言の性格を持っていたが、いわば法にのっとるべしとされていたのだ。その保証のためにカール大帝は彼の所有物相続と分配の決定を「友人及び侍従の立ち会いのもとに」告知した[48]。この世を辞するときに彼らに立ちあわせて彼の手配を守らせようというのだ。この役目のために「友人」はパートナーなのであったが、また遺産の監査官でもあって、カール大帝は宝物蔵21部を帝国の21の重要都市に「遺産として」として「友人に」[49]共有して分割されるよう定めた。その定めの最後に
が立会人をリストアップさせ、「友人(アミキ)」と「侍従(ミニストリ)」との区別をしなかった。11人の司教と4人の修道院長が15人の伯に対面して立ち、その結果、僧職と世俗の高位の者が対応するように組まれたのである[50]。

　両グループにはカールが信頼する人々として選抜し、いっしょに泳ぎに行く「友人」が含まれている。カール大帝の友情と厚い個人的信頼の寄せ方は、友情(アミキティア)が帯びるまさに宗教的特色を示していた[51]。国家構造を欠いているにもかかわらず巨大帝国を政治的に結束させる要は、こうした友情関係への配慮だったのだ。一同そろっての狩猟とか、しばしば何日も続く祝宴とか、一斉祈祷[52]といったこれまでの慣用手段に加えて、みんなで水泳することが加えられねばならない。浴場訪問が共同体を強化しているのはあきらかである、それどころか「友人」と呼ばれた人たちは、水浴しながら水中ヒエラルキーを形成するほどなのだ。

　浴場を訪れる際に「友人」と称することが許される知的一行がある、その徴をアルクイヌスのペンが報告している。アルクイヌスが中心を占める学者グループは、784／85年と789年、全領土に通用する包括的教養改革を主導した[53]。アルクイヌスのアーヘン浴場のエピソードは宗教的要素が共振しているが、こういう宗教的要素はノートケル・バルブルスがのちにピピン三世の伝説的賛辞

において適用した話と同じである。つまりこの王が水源地の諸施設からサタンを追放したというのだ。アルクイヌスがカール大帝に新「ダヴィデ」という称号を奉るのも、アーヘン宮廷に所属する者らの間ではよく呼びならわされた言い方だった[54]。アルクイヌスの短い報告は神

図22　数字153のダイアグラム

学的問題の探究を目指しており、「私はこの数字の奇蹟的分割と意味について書き、わが主君をダヴィデと呼んだことを銘記しております。友情のあまり熱い心もて、浴場のたぎる自然泉において」[55]。

　アルクイヌスによって投げかけられた問いは、よみがえったキリストの指示によりティベリアスの湖から信者たちが釣り上げた大きな魚の数が153尾だったということに因んでいる（ヨハネ伝21, 11）。アルクイヌスが宣伝する図像詩における文字と数字の幾何学紋様化にとってこの数字は特別な意味を持った[56]、というのは17のライン上に、1から始まってそれぞれの行に上から下へと点を増やしていくと、17のところで正三角形が発生し、その点の総数が153になる（図22）。番号付与と幾何学を完成すると両者は協働して、全体形成の理想の印として数字153が働くよう予め定められており[57]、したがってフランク国のメタファともなった。こうした意味内容のすべてを数字153の「驚異の分割と意味 mira divisione et significatione」に関するアルクイヌスの省察が指している。アーヘン浴場における一つの問題を共通して検討することとカール大帝への深い傾倒の告知、こうしたことのすべてが、アルクイヌスはアインハルトが挙げる「友人たち」の一員だったということを証明している。

　知的問題を検討する際にアルクイヌスが水源の「沸騰するお湯」と「熱い心」を結びつけるとき、結局、どれほどの心の広さが友情の絆を深めさせてくれたことか。知と魂とお湯の要素によってキリスト教洗礼の三つの構成要素が呼び出されるが、これはカール大帝の宮廷時代の絶えざる議論の的であった。アルクイヌスがカール大帝に投影した隣人愛(カリタス)を、人も入れるようになったお湯

の温度と結びつけるとき、アーヘン浴場は人にふさわしい洗礼行為のお手本となった[58]。アルクイヌスは言う、信仰を決定するのは剣ではない、知と愛情と湯による浄化であると[59]。従属ののちに転向を強いるべく友情の保護を必要とする暴力ミッションへの、これは批判だった。

近衛兵、親衛隊

「友人たち」の次にアインハルトは「衛兵 satellitum」という言葉で示しているのは、規則的に水泳に同行するさしあたって狭いサークルが「しばし」(アリクヴァンド)拡大するときのグループである。この概念は役人、役所仲間あるいは社会的グループの名称から来たものではない。むしろそれは宮廷衛兵の呼称として軍事領域に属している[60]。衛兵として立つよう指示された兵士たちのことで、カール大帝とともに水泳に行く特権を持っていた。水泳においても兵士の鍛錬を目論んで、ちょっと見ただけでは別に変だとは思われない。カール大帝がエリート隊といっしょに水中へ入り、鍛錬と軍事教練の要素を娯楽の要素となすとき、それは僚友が生まれる契機だったに相違ない[61]。

気ままに水泳仲間に加えられる第5グループには、アインハルトは「親衛隊」（custodum corporis turbam）を入れている。それは主に若い独身の貴族からなる。これら衛兵はカール大帝の生涯のお気に入りとして特別高い忠誠義務と親密さを所有した。その数は小規模な軍事作戦を独自に遂行するに十分立派なものだった[62]。カール大帝にとってすぐそばに仕える隊の小人数とともに泳ぎに出かけ、おのが競争能力を誇示することは、さぞや気持ちが良かったことだろう。これは少なくともアインハルトの報告に明らかで、カール大帝はしょっちゅう泳ぎ、しかも堪能である、「だれも彼に敵う者はいないほど」。兵士たちが競泳においては彼に勝たせたというのは、むろんあり得るけれど[63]。

総数

「ともに水を浴びる者 una laverentur」、「しばしば nonnumquam」「百を下ら

ず Centum vel eo amplius homines」というアインハルトの結語に関して、こう仮定してはどうか。参加兵士たちには「最良の面々」と「友人たち」それぞれ10人ほど、おそらく衛兵が50から80人、親衛隊が20人ほど数えられるだろう。およそこうした関連によってアインハルトの指示した総数は「百を下らず」とまとめられたのではないだろうか。

　水というエレメントが足下の地面を失わせるということについて、参加者ははっきり認識していた。水中に入ったその流体(フルクスス)の中で、そして流れに遊ぶ中で、社会的紐帯の独特の在り方が育ったに違いないが、その絆は自主的に参加することによっていっそう微妙な階級序列をもたらし、共に泳ぐことが平等であればあるほど序列化が進んだ。水泳においてカール大帝は最も直接的なやり方で同時代人に見せつけたのだ、自分が一番と。

3. アウグストゥス帝を継承する技芸としての水泳

古代における水泳

　究極的に水泳には古代との関係を思いのままに演出する可能性があった。事実、カール大帝は泳ぐ時には、古代を引き合いに出すことによって正当性を得ようというだけでなく、古代そのものを自分の業績のひとつにしようとした。古代の証人が彼を媒介にして受容されるばかりか、変形まで蒙った。

　ヴェゲティウスが主張したように、兵隊教育の一部として水泳の軍事的意味を吟味してみるなら、軍隊の統率者が優れた泳者と讃えられるのも不思議はない[64]。だから多くの著作者たちの報告に、カエサルは紀元前48／47年市民戦争におけるアレクサンドリア占領の際、泳ぐことができたおかげで味方の船に助けられたのだとある。カエサルはその技に秀でていたので、左手に高々とかざした一束の書類を濡らすこともなかったと。陣羽織もしっかとくわえて海を渡り切った。カエサルが横泳ぎの技で泳いだことは明白であるし、この泳法は今日一般化したクロールと平泳ぎと並んで用いられていた。ムッソリーニもまた

この泳法を披露した（図6）[65]。カール大帝を古代の報告がついでのように衝き動かして、衛兵たちを水泳という彼自身の好事に巻き込んだのではあるまいか。

軍事を離れれば水泳は、愛好されてはいてもスポーツのような運動としてあったというわけではない。大げさに言えば、それは贅沢な洗練とかヒロイックな鍛錬の進化形として存在することができた。スエトンによれば皇帝ドミティアヌス（81-96）が娼婦たちと泳ぐ習慣があり、皇帝エラガバルス（218-222）はプールを薔薇の香りで満たしたので[66]、セネカは水浴の奢侈ぶりを激しく咎め、一方で古代の簡素なたたずまいを讃えたのであった[67]。

しかし、アインハルトの記述によれば、子孫への君主たちの態度に関する古代の報告は格別に重要だったようである。水泳の授業時に必然的に起こる肉体の接触が、どうやら家庭教師には許されるはずもない親密さをもたらしたようで、ローマの高官たちは息子たちに水泳を教えるに御自ら当たった。プルタルコスの報告するところ、指揮官にして国家官僚カトー父が息子に「渦と急流を乗り切る水泳」術を手ほどきしたのも、そういう事情だったのだ[68]。アインハルトの報告でも先ず、カール大帝が息子たちといっしょに水浴に行ったとあるのは、カトーの記憶が響いていたのだとも言えるだろう。

アウグストゥス帝の水練授業

否応なく思い出されるのは、アインハルトが確実に知っていて規範として援用した古代史記述、スエトンのアウグストゥス帝伝記である。カール大帝の生涯記としてはその生涯はアインハルトにとっては分かり切っている、とはいえ文献に依拠する者としてではなく、一種の内幕暴露者としてそうだった[69]。それはキケローのような作者たちにもあてはまる[70]。水泳の話題に関してスエトンは、水練は読み書きその他の基本教科と並んでアウグストゥス御自ら孫たちに教えた科目だったという[71]。規則的な水練の実施に当たってカール大帝は優先的に息子たちを水浴に連れ出したとアインハルトが伝えるとき、そこには疑

いもなくスエトンの水練報告が響いているのだ。アインハルトは学芸黄金時代のモチーフを受け継いで、カール大帝を眺めるときにこれを適用した。カール大帝の水練（natatu[...] exercens）はこう言ってよければ、アウグストゥスが孫たちに施した授業に近いのだ。しかしながらこうしたスエトンの報告にある「親族 nepotes」はアインハルトにおいては息子たち（filii）のことであり、カール大帝が一緒に泳ぐようさそったのは、この子たちである（filios ad balneum [...] invitavi）。この違いは家族の要件から説明される。

　それにはアインハルトは水泳の弟子のランキングに触れることによってタキトゥスの言っていることを確証したかったのかもしれない、タキトゥスによればローマ人よりゲルマン人の方が水泳はうまいという。タキトゥスのさまざまに書きつのっていることによれば、ゲルマンの兵士はあまつさえ武装したまま部隊そろって川を泳ぎ渡る訓練をしていた。だからだろうか、ゲルマンの兵隊が、河の横断、あるいは部隊の上陸に際して先鋒を引き受けたのである[72]。

モーゼル川のモデル

　水泳が日常茶飯であるゲルマニア河畔の風俗については、デキムス・マグヌス・アウソニウスの371-375年に起草された「モーゼル河畔に発達せし文明讃歌」から、魅力的な描写が生まれている。この記念碑的詩篇はカール大帝の時代には、ヴァラフリド・ストラボがライン河を讃えるための一種の共通知（シュタインブルプフ）のようなものとして利用するほど有名だった[73]。アウソニウスは漁労に対して反対であったが[74]、モーゼル川で漁（すな）るひとりの子供を例に、漁労問題に神話的装いを施した物語を編んで、いかに川の民が水に全身全霊同化しているか、その子をオウィディウスの変身譚に語られるグラウコスになぞらえている。グラウコスは魔法の飲み物を服用した後で満々たる水に飛び込むと、そこで神々の歓待を受け、人間と魚の合いの子へと変身する。グラウコスは自分の獲った魚を陸から水へと戻し、その後を追ったのだった[75]。

　そのグラウコス神話をアウソニウスはモーゼル川に見る。捕まえた魚がグラ

ウコスの視界から消えるや、「失ったことに耐えられず、少年は考える間もなく岸辺から後を追って飛び込み／おろかにも後を追いながら魚を掴もうとする／というわけでアンテオンのグラウコスは／キルケーの致命的薬草を自ら／ためし、瀕死の魚によってむしり採られた海藻を／わがものとしたあとで、ボイオティアの流れをかきわけて／新たな住人としてカルパチアの海にやってきたのだった」[76]。

これに加えてアウソニウスはモーゼル川の際で水浴の複合施設が利用されていることにふれている。それは温泉の腰湯テルメと大きな水泳用プールの施設である[77]。カール大帝伝においてアインハルトは、この水泳施設で実施される水浴びと、それに続く流れの中での水泳とが組み合わされていることにとくに印象を得たようである。アウソニウスはまず熱によって「もうもうと湯気のたつ浴場」[78]を讃え、つぎに熱いテルメの浴室で茹だった客たちの何人かがモーゼル川の冷たい水に泳ぎながら体を冷ます様子を、驚嘆しながら眺めている。「私が見たのは、浴する間に大量の汗に疲弊した多くの者たちが／水槽や桶のぬるい水を軽蔑して／活力ある水を口に含み、それから水流に生気を取り戻し／氷のように冷たい川の水をかきわけ、水しぶきをあげて泳ぐ様であった」[79]。ここに起こっていることは、水泳（natatu）と湯浴み（balnea）の合作であり、これをアインハルトはカール大帝の水泳熱に関する一文に引用したのである。

ローマの水泳文化のみならず、モーゼル河畔に発展したような地方ローマ風の湯浴みと水泳の風俗もまた、泳者としてのカール大帝の存在演出に手を貸したのだろう。カール大帝はアーヘンにおける湯浴みと水浴び風俗と同じように、泳げばこその皇帝アウグストゥス（IMPERATOR AVGVSTVS）だったのだ。「その壮麗さと輝きの魅力はいかばかりか、しかも喜びはけっして浪費にあらず」[80]。どうやらカール大帝が望んだのは、モーゼルの古代浴場施設のこうした評価がアーヘンに転移されることだったのだと思われる。

アインハルトの伝える内容にとどまらず言外の響きとか史的推測から分かるのだが、中央ヨーロッパという拡張した空間に共同体が生まれたのは、水泳の

ときなのであり、カール大帝が権力をふるうやり方の非制度的中核を形成したのは、この共同体だった。アインハルトがまず示そうと努めたのはカール大帝という人物であって、彼に向けられてきた救済史的な大げさな投影ではさらさらなかった。これは幸運に恵まれた支配体制が決して構造的にばかり理解さるべきではないという警告と結びつく。この体制はむしろ人物やグループ次第なのであり、つねにあらたに獲得すべく、いつでも危ない綱渡りだったのだ[81]。権力のこうした根拠の持ち方は翼賛詩という文学ジャンルの対蹠点にあって、形而上的に造作された要素よりはむしろ身体的、心理学的、社会学的要素こそ焦点であり、アインハルトのカール大帝描写も、身体言語の社会的可能性を利用することができるスポーツマンであることを根拠として示したのだった。水泳と湯浴みには宗教政治的要素が具わっているばかりか、効果狙いの社会要因が共振するパフォーマンスの娯楽もあったのである。

図23　フランク族墓標(ステレ)、ニーダードレンドルフの墓石、7世紀

III

編む

---

1. 波打つ髪を編む

メロヴィング朝ふう長髪

　ローランの歌におけるサラセン人が水泳能力なしとされただけではない、他にもフランク族にとってはおぞましい特徴がサラセン人のものとして数えられている。奴らは自分の外見に気を使わない、特に整髪されない髪を見よ、と、およそ方向性としてサラセン人を貶めようというのである[1]。

　カール大帝とその先祖がこの種のさげすみを向けた相手は、サラセン人ではなく、自国内で覇権争いをしているライヴァル、メロヴィング族だった。この王家の一族にとっては階級位階は、それにふさわしい髪の長さにまで指定があった。メロヴィング朝の王ヒルデリヒ（ヒルドリクス）一世の印章指輪は、カットされていない頭髪が左右の肩に外巻きに束ねられている様子を示している（図24）。髪を肩先

図24　メロヴィング王ヒルデリヒの印章指輪の摸刻（481-482）、17世紀中葉、ジャン・ジャック・シフレ（1588-1675）によるコピー

きまで短くせねばならないのは降格のしるし、坊主頭にまで短く刈られるのは、通常、名誉まで刈り込まれる罰と見なされた[2]。

だから、アインハルトのカール大帝伝が751年メロヴィング朝最後の王ヒルデリヒ三世の終焉の報告とともに始まるとき、そこに頭髪を刈り込むという内容が含まれたのは、メロヴィング朝一族に対する軽蔑の徴だったのだ。「ヒルデリヒはローマ教皇ステファンの命により廃位され、髪を刈られ、僧院におくられた」[3]。この屈辱の剃髪報告に劣らず軽蔑的なのは、アインハルトのつぎのような断言、メロヴィング朝一族は一般的にサムソンふうの長髪を王者の力の表れだと考えるが、そんなものは倒錯で、だらしのない、権力喪失の徴であると。事実上権力はとっくにフランキ（ク）族の宮宰に移っていて、王に残されたのは「王の称号と、波打つ頭髪に、鋏みの入れられていない髭、玉座に居座って君主を演じること」のみ[4]。

アインハルトの毛髪政治論の目的は、カロリング朝一族が王位簒奪によって執行した認知拒否を、必要な文化行為であると証明することだった[5]。それはそういうものとして教皇ザカリアスにも認められていて、彼の下でピピン三世は、751年に惹き起こされたクーデターについての法的助言を受けていた[6]。教皇が派遣された者に告げることには、「王の権力を持たぬ者より権力を持つ者を王に任ずる方がよろしかろう、秩序を乱さぬために、教皇は教皇の全権をもって命ずる、ピピンを王となせと」[7]。正統性破りのくせに「秩序を乱さぬよう ut non conturbaretur ordo」という驚くべき定式を使って、メロヴィング朝の現支配は秩序にあらず、その混乱を取り除くべしと定められた[8]。しかしヒルデリヒに長髪の代償を払わされるという国事行為が用意されたのは、こういう手順だったのだ。教皇ステファン二世が前任者の権利保証を肯ったのを参照しながらアインハルトは、二つの行為を一気にまとめてしまった。そっけなくこう記述されるのである、ヒルデリヒは「退位させられ、髪を切られた depositus ac detonsus」[9]と。

カロリング朝一族の短髪

　メロヴィング朝一族の長髪が、敵対者からすれば王位にふさわしくない不能の象徴となる一方で、短髪にする配慮はカロリング朝一族の短髪の外見は領内を治め整える能力の証となった。

　いかに髪型と髭のスタイルがフランク族のアイデンティティのエッセンスとなったか、7世紀末、ニーダードレンドルフ出土の無名フランク人の墓石レリーフが明らかにしている（図23）。毀損があるにもかかわらず、7世紀書籍の挿画にも比較される様式化された描写法は、死者の 属 徵（アトリビュート）に劣らず印象深いものがある。

　頭部を囲んで一匹の蛇がアーチを描き、ふたつの体に一つの頭を持っている。どうやらそれは死んだ者の魂であって、死者を冥界に歓迎する祖先を体現している[10]。このことは死者が左手で手前に構えた片刃の剣の握りに付けられた第三の蛇の頭にも当てはまるのかもしれない。蛇の頭と右足の間にある容器はおそらく水筒を表わしているだろう[11]。

　人物の右手は剣に添えられてはおらず、少なくとも武器ではなく一列歯の櫛を頭にかざして、これで髪をまっすぐに梳いて整えることができる。髭もまた左から右へと流れる平行線をもって深く撫でつけられている。水筒と剣に次いで櫛が、この死者の人格を特徴づける第三の属徵というのは驚きである。剣は生死を決する武器であるが、これに添えられた櫛は忠節を証明する様式であり、フランク族への帰順と結びつけられた[12]。死者があきらかに禿頭、もしくは剃髪されているだけに、この属徵はいっそう強烈ではないか。

　ボニファティウス、アルクイヌス、ラバヌス・マウルスのような教会人は、異教文化の残滓たる長髪を拒絶し、ついでサムソン物語を排除したが[13]、そういう人々のおかげでカロリング朝一族の短髪は、王に仕える新たなエリートたちの目印へと格上げされる。それはとりわけカール大帝に当てはまった。彼の肖像コインはオリーブの王冠の下に左から右下に梳かれた短髪と、鼻翼から口角をはみでて左下へと伸ばされた「フランク族の髭」を示している（図3）。

スイスのミュースタイル修道院の柱像では口髭と顎髭が整髪された頭髪とともにより明瞭に強調してある（図25）[14]。入念に櫛を入れられた短髪と口髭は身体に関わるアイデンティティを構成する要素となっている[15]。マルスのサン・ベネディクト教会の806年以降に作成されたフレスコ画に描かれた世俗人は、カール大帝配下の影響力のある家来であったフンフリト伯と同定されているが[16]、この人物画もミュースタイルの彫像と似た髭をたくわえている（図26）[17]。

今日ルーヴルにあるメッツのブロンズ騎士像は、カール大帝と特に口髭が同一であるのが目立つ（図27）。この像がカール大帝自身か、祖父タイプで表現される禿頭王カールを示しているのは、決着済みである。最初のケースではカール大帝が直接に、第二のケースでは後継者の人物を介するだけのこと。こ

図25　カール大帝の立像、スタッコ仕上げ、推定801年以後、ミュースタイル、聖ヨハネス修道院

図26　平和の剣とカロリング朝衣裳を着けた世俗の寄進者、806年以降、イタリア、マレス・ベノスタ、ザンクト・ベネディクト

Ⅲ. 編む　51

図27　カール大帝騎馬小像、ブロンズ製、
　　　金箔の痕跡あり、9世紀初期、部分

図28　同、後頭部

の像の日付をくりかえし禿頭王カールの時代に帰する根拠は、同語反復的なもので役に立たない。カール大帝の像がひとつもないのだから、像はカール大帝ではありえないというのだ[18]。議論はおなじ正統化をもって逆転できる。メッツの像の形式でわれわれが目にするのは、コイン肖像に顔が近いのだから明らかにカール大帝としてのアクセントが与えられた像なのだ（図3）[19]。とくに力強くコインのスタイルで王冠の輪形の下に頭髪が溢れ、王冠に囲まれた頭頂に髻が見えるところ、絶対に禿頭王カールではなくカール大帝とその毛髪政治の方にふさわしい（図28）。後頭部から放射状に広がる、軽くカーヴしてまとめられた索状が、技巧を凝らして櫛を当てられた髪の特異点を鮮やかに見せている[20]。はっきりとそれが表わしているのは、コイン肖像、毛髪意味論、それにすでに見たごとく、カール大帝の彫像政治と一致する皇帝像なのだ。身体造形を形象化したエレメントと王位とがかくも直接的に結びついた数少ない作品であるだろう。

　カール大帝は自分の外見がお手本となると知っていた、その意味を考えてみ

図29 メロヴィング朝時代墓標、ニーダードレンドルフ発掘の墓石、7世紀、部分

れば、ニーダードレンドルフ・レリーフの死者までがそのような口髭をたくわえているのは、まさに感動ものだ（図29）。向かって右側半分の顔には入念に線を引かれた髭のはっきりとした痕跡が剥落しているが、反対側には少なくともそうした整髪の影が残っている。フランク族は世代を越えた同族としてのコードの一つを創造するのに、明らかに髪型を使ったのだ。毛髪を具体的な容姿メディアとすることで、それは他の文化とは際立った共同体形象のひとつとなった。口髭なくば、カロリングの一族にあらず[21]。髪型が共通の思考・行動様式を生み出すのだから、描かれた戦士は自身の重要な証明として櫛を使うのである。こうした身体意味論を新たな地平へと導いたのが、カール大帝だったのは明らかである[22]。

水の波と髪の波、髪のうねりは制御され、整形されねばならない。両要素は結合して、身体そのものを形象として捉えるようになり、その形象のおかげで、形象の担い手とその結合についての根元的表現が、さらに同種の生身の形象へと伝わるのである。

2．猛獣との交戦

泳ぐことによる水の支配と外見の身だしなみとは、身体イコノロジーの記号なのであり、さらに動物世界の支配へと接続していく[23]。おおよそまだ手つかずの森の中へと分け入る狩猟は、支配能力を証明してみせる特別な形態である。狩猟に同行するのはほんの少数のお供だけに許された特権だったが[24]、一方、打ち上げの祝宴はその都度大きな観衆を伴う祝祭行事となった[25]。

水泳のときと同じように狩猟においてもカール大帝は身体の見せ方を、王位と皇帝の威厳にふさわしいように演出した。なんといっても狩猟における身体は記号化しやすく、内在する性格の力を証明するものと見なしてもらえたのだ。パーダーボルン叙事詩の作者が巻狩りを描写しながらカール大帝を猪の群れ全体を仕留めた狩人として讃えたとき、まず挙げられたのはヘラクレスに匹敵する身体力だった。無名作者は言うのである、この剛毛におおわれた獣は身の軽きこと稲妻の如く、闘争欲はとどめがたく、「死に至らしめる牙」にて鋭い一撃をもたらす特別に危険な性格であると、逆にこういう獣を征服する者こそ卓越した人物なのであり、犬の遠巻きによって追い込まれた猪を心臓の一突きでしとめる豪胆さを示すのであった[26]。アインハルトの水泳報告でも、パーダーボルンの猪狩りの言い伝えでも、参加する者のうちで第一に挙げられるのは息子たちである。「高所からは王の子供たちがともに検分していた」[27]。

　年代記作者ノートケル・バルブルスが描写する巻狩りは、カール大帝がアラビア―ペルシアの使節のために催したものであるが、この機会を利用して彼の強壮さが圧倒的体力ばかりでなく、聖なる後光を帯びていることを知らしめようとした。決定的だったのは、ノートケルによると、客たちが圧倒的なバイソンやオーロクスに対峙するや、おびえひるんだ瞬間、カール大帝は断固これに向かっていったのだと。「さるにてもカール英雄王はひるみたまわず」[28]。牡牛の首を切り落とそうとすれども失敗、すると牡牛めは角で皇帝の長靴と脚絆を突き破るものの、皇帝の威光におじけづき、山間に逃げ込んで、トゥルガウ伯イサムバルドに仕留められた。

　英雄の度が足りない、しかしその分臣下が安堵するには直接的に重要なことがあって、カール大帝の御代全般にわたって巻狩りは、激増していく狼の群れに向けて度重ねて開かれていた。彼の死の前の年、トゥル司教フロタリウスは、一シーズンに殺された狼の数を240と報告している[29]。この背景より重要なのは、殺した狼の毛皮をカール大帝が狩猟隊に送れと命じていることである。毛皮作りの材料なのか、あるいはたんに狩猟成果の証拠としてなのか不明である

が、そういう処置を施すところを見るとカール大帝も成果(トロフィー)には関心があって、野生動物の制圧をリアルに証明したかったのである[30]。このことは、カール大帝がザクセン人のような敵方の者たちを野生の獣として、とりわけ狼と名づけることからして、ますます当然のことだった。その論じ方は無名作家によって777年に[31]ヴァラフリドの息子ルートヴィヒ賛にまで及んだ[32]。

システマチックに運営された狩猟隊の標的は、狼と並んで熊だった。熊にはシンボリックな理由が加わるのだからなおさらである。熊の役目は異教文化では強烈で、ラバヌス・マウルスのような著述家はこれを文字通り悪魔と見なすほどだ。「したがって熊は悪魔の化身にして、神に従う眷属に対峙する者である」[33]。もっぱら狼と熊を狩るとは、それゆえ自国の住民を守るだけでなく、敵共同体をこれら猛獣になぞらえて分かり易くする意味があった[34]。

身体の強さにとどまらず豪胆なところもまた、カール大帝を領内最高の狩人たる証とした。泳ぐ身体の政治的内実は、狩猟の身体意味論では皇帝の身体イコノグラフィの、また精神上の実質も備えたさらなるディメンジョンを獲得したのである。

3．動物園と織物の至福感

動物園

しかし動物はまた身体のシンボル政治学の対角に置かれる一面と結びついていて、狩猟に劣らずこの一面を推進し際立たせたのもまたカール大帝である。それは猛獣の世界を大規模に殺傷しようというのでなく、平和をもたらそうという試みである。オーロクスはカール大帝をすでに傷つけたにもかかわらずこれ以上攻撃してこない、そして大帝は防御不能だったにもかかわらずオーロクスが彼を回避する、このことによって狩猟場面は小康を得て、動物放養場の景色にと変身してしまう。相互に狩る者と狩られる者ではなくて、一瞬、互いに接点なしにある、人間と動物はそういう理念の担い手たちなのだ。オーロクス

が別の狩人に殺されたとき、カール大帝はまるでこの行為を認めたくないかのようにそっぽを向いた。斃された獣を贈られるのも拒絶した[35]。動物園理念(イデー)の核である相互宥和の瞬間が、しばし、生まれるのである。

猛獣を集めておく保護区とは、狩猟開始を先延ばしされた場所であり、無柵放養式という制度を先取りする第二の契機であった。こういうケースを鮮やかに伝えるエルモルドゥス・ニゲルスは、カール大帝の孫の一人であるピピン一世の廷臣であり情報通であった。820年代に起草された彼の悲歌はカール大帝の息子、皇帝ルートヴィヒに捧げたものだが、その歌において、マインツとインゲルハイムの間に位置するラインの川中島でデンマーク王ハラルドを讃えて催された豪勢な巻狩りが描かれている。エルモルドゥスがこの島で熊たちの毛皮と首級が衆目にさらされたと語る時[36]、それは熊がそこで放養されていたということから出ている話だ。というのも熊は飛び抜けた泳ぎ巧者であったとはいえ、それほど多くがこの島に来たとは考えられないからである。ラインの川中島は狩り場としておそらく野放しの自然と動物園的な庭園の中間的地位を保っていたのだ[37]。

とはいえ決定的一歩は、猛獣が持続的に保護区域に止めおかれ、猛獣自身をその平和の活人画となしているところにあった。カール大帝は大規模な野生動物園——この呼び名に値すべく、柵なり塀なりで囲われていたにちがいない——の設置に特別関心を持っていた。アーヘンの王の館の野生動物園は、たとえば王の館のあるランスホーフェン、レーゲンスブルク、フランクフルト、インゲルハイム、アッティグニイ、コンピエーニェにも設置されていたような放養柵に対応するものであった。野生動物たちの飼育に必要な、部分的に広大な一帯を継続的に、適当な高さと頑丈さを具えた塀や垣をめぐらすのはきわめて困難だったし、きちんと整備するのはしたがって多大の失費をともなった[38]。明らかにアーヘンの放養柵は特別に動物が豊かで、広大に囲われていた。前庭近く、大規模で、「水流」に恵まれる一帯を垣で隔離し、そこへの入り口は大理石の門構えが立派であったと、エルモルドゥスに言及がある[39]。彼によれば、

宮殿前庭の放養柵は王の館に沿って、今日「ミュンスター」あるいは「ドーム」と呼ばれるマリーエン教会である宮中教会の方向へと広がっていた[40]。これに応じる既に引用したヴァラフリドの表現では、この建物の窓が「下方では壮麗な森、そして緑の草原を走り抜ける／小川のささやき声」を提供した[41]。この一帯が西なのか、東なのかという問題は、エルモルドゥスあるいはヴァラフリドの指摘でも「川」とか「小川」が浮上しているのだから、浴場近く、つまり王の館東、及び南東の位置ではないかと推測されるのである[42]。

エルモルドゥス・ニゲルスのルートヴィヒ賛を信頼するなら、ここに設けられた放養柵は垣で囲まれているだけでなく、壁で囲まれている。「アーヘンの王の館に接して、名前に曰く／遥か遠方にまでその名も轟く、すばらしい処がある。／周りを石造りの建物に囲まれ、壁に塞がれ／愛らしくも木々におおわれ、生気に満ちた野草は緑に／さりとても小川が一筋、真ん中をゆったりと流れて／ここに鳥や獣が多種多様に棲んでいる」[43]。王の館周辺と浴場施設の間に広がる、特定できないが南東へと伸びていく広々とした一帯が、今話題とする動物放養柵であると考えられる。どうやら道をもって囲いとし、その道が共存しがたき動物たちを互いに隔離すると同時にこうして地上のパラダイスというイリュージョンを生み出すことができる、ちょうど今日の動物園に至っても同じ考えで設営されている。

ヴァラフリドによってプラトー (prato) と言われている草原の特徴は、牧歌的特徴と結びついた風景形成を示している。野生動物が籠る空間は、戦いではなく、ルードゥス (ludus)、すなわち「遊び」が支配する空間である。「家畜と獣は戯れる／野牛が鹿と、山羊が臆病な牝鹿と」[44]。そうやって数え上げる次には猛獣へと飛躍するのだが、これらは野生園に平和な共生を営んでいる、「さらにお望みとあらば、獅子達は整然と踊り／熊、猪、豹、狼、大山猫、象／犀、虎、そして飼い馴らされた大蛇も来るだろう。牛や羊と共に草地を分け合いながら」[45]。

こう列挙していくと狩猟というのに反対のイメージが産み出される、という

のも猛獣たちが互いに平和な共同体を求めているだけでなく、絶対にいつだって彼らの餌食である野牛や羊とも同居しているからである。続く数行は平和の雰囲気をさらに文字通り天国へと超越させていく。「全ての動物は、平和に共にいる。／空の鳥は、樫の木のてっぺんから喜ばしい／嘴でもって共に歌い、心地よく囀る」[46]。

カール大帝の獲物五種のうち最初に熊、猪、狼の名が上がるのは、偶然というより、システムがあるのだ。ヴァラフリドの眼差しのもと、野生園は狩猟と平和の遊戯的 併　存（ミットアインアンダー）となるのである。

その他の動物の名前もまたこの報告をファンタジーの産物のようなものにしている。カール大帝はひとかたならぬ努力で、野生動物の放養柵のためにエキゾチックな動物たちを求めているが、ヴァラフリドが名前を挙げる豹、虎、犀、蛇、クロコダイルが無可有郷（ユートピア）的願望だったのか、あるいはそれらがアーヘンの動物園に実際に飼われていたのかは、不明である[47]。柵中にはアラブ産の野生馬と並んでマルマリカのライオン、ヌミディアの熊、おそらく猿までいたようである[48]。

ヴァラフリドによって特筆された象にはよく証言が残っている。カール大帝はカリフのハルン・アル-ラシッドのもとにあったこの動物を、797年以降、手に入れようと画策してきた。ようやくイタリア経由でアーヘンにやってきたのが、802年。常のことであるが皇帝は旅の途上ずっといっしょにあって、宮廷での象の存在感は長く後世の記憶に残った。810年の象の死後、カール大帝は象のことを追憶して、それがバグダッドの太守との特権的な縁を体現していたと述懐した。ハルン・アル-ラシッドがこの厚皮類を名づけるのに、予言者の叔父にして王朝の創始者であるアブール・アッバスにちなんでいたのだから、なおさら特権的動物だったのだ。その象がバグダッドとアーヘンの相互表敬の生きた紋章の役目を果たしたのは、すでに名前からして自明だった[49]。

さらに記録によれば、総計30羽の孔雀がカール大帝の動物園に飼われていた[50]。特筆すべきことに、カール大帝はこれらエキゾチックな鳥を食用ではな

図30 ゴデスカルク福音書、781年制作、fol.3v：温泉

く、見映えがするゆえに飼ったのだ。それはこれらの鳥を選んだ理由が「王者にふさわしい」と言われたことよって少なくとも納得されるものである[51]。この「王者にふさわしい dignitas」は鳥自慢とそれが扇の形に羽根を開く能力に関わっていたに違いない。この豪華鳥が動物園に収められたのは、皇帝の威厳を動物界に反映させるためだった。

781年から783年の間カール大帝の命により制作された著述家ゴデスカルクの福音書には、湯治場の絵が載っており、それにはこうした2羽の孔雀が、温泉を囲む柱に支えられた丸い園亭の天蓋の装飾を形成している（図30）[52]。その他の鳥や右下に描かれる鹿と協力してパラダイス気分を盛り上げていて、ヴァラフリドがアーヘンの野生園を眺めながら、ときに感じたものもまた、これである。それは装飾写本に描かれる湯治場史の話とも矛盾しない[53]。ラテラノ大聖堂脇の洗礼堂のようなローマのお手本を経て、洗礼問題自体が話題にされている[54]。これはしかしすでに見たようにアーヘンのテルメと結びついたモチーフであって、本の中のイラストからしても、王の動物庭園と場所が近かったのだろうと思わせずにはいない。

カール大帝の動物庭園はある明確な戦略の一部をなしていた。生身のものを

イメージへと変身させる、そのイメージが動物自身に割り振られたシンボル価値を経てユートピア形態へと導き、共同体結束に至るのである。アーヘンの動物園で飼われる動物たちは、獣の状態から活人画/生身の形象（レーベンデ・ビルダー）という存在様式へ、つまり無原罪状態（プレラプサル）への帰還である存在様式へと受け渡されていく。アーヘン動物園が部分的に讃歌のスタイルで描写されたとすれば、それは地上のパラダイスを思わせるエキゾチックな野生の動物たちが地に満ちて、互いにいがみ合うさまざまな種類の動物たちすら平和に共棲したおかげなのである[55]。

織物

　野生動物の話は、次いで主要な登場人物たちの身体に行きつく。アインハルトの伝記は22章を水泳の一文で終わり、23章はあたかも水浴のあとにはとうぜん着衣が続くと言わんばかりに、カール大帝の衣裳の詳しい描写で始まる。マルスのサン・ベネディクト教会フレスコ画に描かれるのはフンフリト伯と推定されるが、彼の身につけているフランク族の衣裳は、アインハルトによればまさに皇帝に指定されたものである。上シャツとズボンは亜麻織りで、その上に絹地で縁取りをしたトゥニカ、脛とふくらはぎを脚絆で包み、足まわりは革の長靴で守った。冬にはカワウソの毛皮やテンの毛皮で作った外套を身につけ、帯にはつねに剣を佩いた[56]。

　毛皮の外套はむろん暖をとるための実用目的だったが、ノートケル・バルブルスの報告するケースでは、羊の皮には別の意味があった。「訓練されたフランク族にあっても最良の者」[57]たるカールはパヴィアを前に駐屯したときのこと、宮廷一同を何の予告もなしに、狩りのお伴をせよ、惰眠をむさぼるなと急かせた。自分は普段着の安い羊の皮を身につけているのに対し、廷臣は絹の高価な、孔雀の羽根をあしらった羽毛服、あるいは値の張るオコジョの毛皮にくるまっている。狩りの後、同行者たちがぼろきれとなった衣裳で寒さに震えていると、カール大帝は綻びのない梳き整えられたばかりの羊の皮をかざして、廷臣の奢侈ぶりを叱責したのだった。生涯、彼は行軍中の自分と軍勢すべてに、

甲冑と羊の衣服しか許さなかったという[58]。

　衣裳もまたこれほどにフランク族の同族意識を固めるのに貢献したが、それは衣裳で識別できるからというにとどまらず、髪型を規定したのと同じ華美にならない機能性と秩序を明示することに貢献したのだ。既にふれたようにカール大帝はすべての殺害した狼の毛皮を自分のところへ送るよう望んだが、狩猟の戦果を誇示する意味もあったにせよ、これが毛皮の外套に供されたというのは、実行されたかどうか跡づけはできないが、ありそうではないか[59]。

　祝祭の衣裳となると事情は異なる。アインハルトはめったにない機会にのみ身につける装束について、金糸を織り込んだ衣裳と宝石を散りばめた履きもの、黄金の留め金でとめた外套、黄金と宝石で飾った王冠について語っている[60]。なるほどカール大帝は外国の高価な衣裳を身につけることはほとんどなかったが[61]、アインハルトがこれは報告しておこうと思ったことは、ペルシア王ハルンが香水や貴重なものとならんで「立派な衣裳（vestes）」を贈ろうとし[62]、これに対しカール大帝は白、灰色、サファイア色の高価な格子模様のフリース織りの布地をお返しとされたという話だった[63]。

　動物たちをあしらった織物は、888年、同年に戴冠した西フランク国王オドがリストアップしていて、もともとはカール大帝の所有物だったと目される。目録に挙がっているのは、金に見える小さな鳥たちをあしらった白の織物に、象のいる赤いパリウム（長上衣）、猛禽のいる緋色のパリウム、孔雀の緑のパリウムである[64]。こういう動物たちを衣裳にあしらうのは必ずしも典礼用紋様というわけではなく、王らしい所有物としては当たり前だったのであり、動物園の意味(メッセージ)とそのパラダイス的内容を輝くばかり織物に移したと考えることができる[65]。カール大帝が――もしくはあまりありそうにないが、カール禿頭王でもよろしい――まずオドのために完成させた。この織物は動物柵によって始められた伝統に棹さすものである。

　800年頃のビザンツ、あるいはシリア産の絹織物は、織り紋様の動物たちがきっちり型にはまっている様子を見せてくれる（図31）。それはふたつのフ

Ⅲ. 編む　61

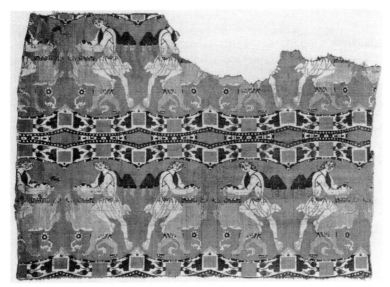

図31　獅子殺しの図、絹織物、800年頃、クーア、聖堂宝物

レームでそれぞれにペアとなった獅子殺しを描いており、彼らは膝を曲げて猛獣の背中を押さえ、頭部を両手でぐっと引き寄せている。サンダル履きに短い外套を身につけ、情念定型(パトス・フォルメル)である波型を背後のなびかせている[66]。この題材は4頭立て馬車(カドリガ)を示す800年頃にビザンツで制作された絹織物であり、おそらくビザンチン皇帝からカール大帝に贈られたらしいが、同様、どうやら贈り物として西側へやってきた可能性がある。その高価な形象モチーフはカドリガに乗った勝者と外側の馬にまたがったふたりの従者——鞭と栄誉の冠を渡そうとしている——馬たちの前に豪気さの象徴として金袋を空にしているその他のふたりの従者、まわりを円形に囲むハート型装飾とアイベックスが装飾円同士の間のフィールドを形成している、こうしたものたちを見ていると、この素材は紛失したとされるカール大帝の祝宴用羽織ではないかという印象を得る（図32）[67]。のちに王オドを経由したと解されるが、この高価な衣裳の表面で、着

図32 カドリガ紋、ビザンツ、800年頃、柄模様絹織物、
アーヘン、聖堂宝物

る者の身体と豪勢な動物とが同化している。こうして生身の形象は素材のイメージに距離をとりつつ、担い手の身体とは同化するのである。(ルビ:レーベンデ・ビルダー)

接近と離反のこうした二重遊戯のヴェクトルは、最後に造形芸術の領域と象牙・石・ブロンズの型どりといったマテリアルの領域へと流れ込む。

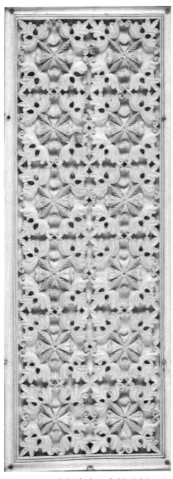 

図33 ヨハネ福音書、表紙（表）、9 世紀初期、ザンクト・ガレン、所属図書館、Csg.60

図34 同（裏）

IV

眼前に彷彿と

---

1. 象牙製二つ折り彫板(ディプティヒョン)

　猛獣との戦いのみならず猛獣を大人しくしつけることとにはシンボリックな意味がある。そのみごとな例がザンクト・ガレン教会図書館所蔵の二枚の象牙製二つ折り彫板(ディプティヒョン)である。最初の彫板（Csg.60）は、おもてに彫りの鋭い精密に彫られた葉っぱの装飾を示している（図33）。12の正方形が二列に6個ずつの場面を作り、垂直に配列され、中軸にはアーカンサスがかどを対角に組み合わせてできる薔薇型がある。モンザやヴェローナの類似型の装飾と比較すると、おそらく上イタリア宮廷で活動していた9世紀初頭の工房作と推定される[1]。この点確証はないが、抜群の出来栄えといい、キリスト教モチーフには無縁な植物様式といい —— 非典礼的機能であることは明らかで —— カール大帝のためにそれが作られたということを物語っている[2]。

　裏面（図34）は同様に12の場面でできており、おもて面の装飾とは違っているものの、弧を描いてよじれる葡萄の蔓から成っている。それぞれ左右ペアになって、円の内部は葉っぱと動物の闘いとが交互に現れる。深彫りで、些少の空間ながら葉っぱの形と動物の姿のモチーフとをほとんど完全彫刻のように彫り込んで、まさに名人芸、最高度の完成度を誇っている[3]。

　これは描かれる動物たちの違いともなってあらわれる[4]。下方の場面ではそ

れぞれ左右対称に、一頭の豹がガゼルの背中へ跳びかかり、のしかかって、今しも頸筋に噛みつこうとしている（図35）。括弧の形に伸びる枝先にはそれぞれ葉軸がついて、それぞれ場面を囲い、葡萄の巻き蔓はといえば上から下への流れに呼応しながら渦いている。

下から3番目の動物たちは、蔓の円形をほとんど一杯に埋めている（図36）。ここではそれぞれ獅子が牝鹿のうなじに噛みついて頑健な体を支えるや、後ろ足としっぽが枝のうねりを突き破り、下の枝は牝鹿を抑え込んで固定させているように見える。

最後に上から2番目の場面では熊と二頭の牡牛の戦いを示している（図37）。ここでも猛獣は犠牲者の背中に噛みついており、猛獣の体も蔓の円形を跳び出ている。熊はそれぞれ渾身の力で後ろ脚を前に踏み出し、中央に束ねられた葡萄蔓の結び目で踏ん張っている、一方、もう一つの後ろ脚をその上にかぶさる忍冬模様(パルメット)のところで支えている。こうして葡萄蔓は窓であると同時に、獣たちの闘うシーンのための舞台ともなった。獣を闘わせる場面は領事館二つ折り彫板(ディプティヒョン)によって有名であるが、もと闘技場に隔離して行なわれた遊びに発する[5]。猛獣は葡萄蔓の円環によって完全には囲われているわけではないので、脅威であるが、装飾構造の一部であり、それらは総じて飼い馴らされ、そして形象として制御されている。

第二の照応する二つ折り彫板(ディプティヒョン)（Csg.53）は、900年頃、芸術家トゥオティロ Tuotilo が古代由来の、しかし滑らかに均された祭壇板を利用して、カール大帝時代の二つ折り彫板(ディプティヒョン)を彼の文化の視点から注釈的に作り変えた[6]。おもて面（図38）で葡萄蔓が覆っているのは上と下の帯だけで、一方、大光輪に囲まれて、手をかざした姿で描かれるキリストは中央に位置を占め、福音のシンボル群と、アルファとオメガとして脇を支える天使(セラフィム)に囲まれている。彼の頭上には太陽と月が現れ、下方には水と大地が交響し合っている。隅の福(まち)の部分には、福音者が聖書の内容たる福音(エヴァンゲリーエン)を指差す者として仕えている[7]。

より古い二つ折り彫板(ディプティヒョン)（Csg.60）と比較すれば、裏面（図39）が解明される。

IV. 眼前に彷彿と　67

図35-37　動物闘争シーン細部、ヨハネ福音書、表紙、裏表紙、
　　　　ザンクト・ガレン、付属図書館、Csg.60

図38　トゥオティロ、大福音書(ロングム)、表紙、900年頃、表、ザンクト・ガレン、付属図書館 Csg.53

図39　同、表紙裏面、Csg.53

葡萄蔓による上の場面の中に獅子が鹿を襲う様子が引用されているが、これは中段の戦う獣のペアにすでに刻まれていたものである（図36）。マリア昇天の下の場面は図の中心を形成し、そこに示される二頭の熊たちはカロリング朝の古い図版上部の動物場面に匹敵する（図37）。トゥオティロが形象化したのは、狩りをする熊たちでは決してない、人間と獣が相互に出会い、暴力の気配もない二つの場面を提示したのである。

　話はヴァラフリド・ストラボによる聖ガルス伝に基づいている。ガルスは熊、狼、それに猪に注意するよう警告を受けていたにもかからず、従者ヒルティボルトとともにボーデン湖後背の森に深く分け入り、隠者生活に適した場所を求

図40　大福音書の細部、表紙裏面、ザンクト・ガレン、
Stift 図書館、Csg.53.

めた。ふたりが人気もない荒蕪地に夕餉を終えた時、ふいに一頭のクマが餌を求めて襲ってきた。逃げもせず、防戦もせず、ガルスは「主の御名において、獣よ、汝に命ず、薪を持ちあげ、火にくべよ」と宣告した[8]。このシーンは象牙板では左の場面に再現されている（図40）。一本の木によって分けられて、恐れ知らずの聖者が登場する、一方、熊は彼の命に従い薪を火の中へ投げ込んでいる。右側のシーンでは、眠る姿のヒルティボルトの上にガルスが立って、今後はこの場所を避けよと命じ、了解し合った印にパンを一個熊に手渡している。

　この伝説は一見したところではナイーヴな聖徒列伝のように思われようが、カロリング朝時代の闘熊(とうゆう)を見ると、もっと意味深長なレベルを得ることになるだろう。ここに示されるのは猛獣とはいえ、根本的に福音を受け取ることのできる神の被造界に受け入れられた猛獣である。聖者の側にしても出来事はいっさい月並み以外のなにものでもない。ガルスが熊の猛々しい心を退けたときの勇気は、ノートケル・バルブルスの報告によるカール大帝が強大なオーロクス

を前に「怯むことなく退けた(ノン・テリトゥス・ヘロス)」勇気と同じである。カールの一撃は挫かれ、ガルスは武器を持たない。最も危険な猛獣を馴らすのに暴力によったのではないという点で両者は一致している。圧倒的な猛獣に豪胆さによって打ち克つ様子が、左のレリーフでは直立した聖者の緊張に満ちた臨場感と熊の背を丸めた服従の姿勢とによって際立たせてある。右のシーンでは対峙する者たちが互いに高いポジションをとって、まさに信頼を籠めているところ。

ザンクト・ガレン僧院の守護聖人はガルスとマリアだったのだから、この変容は重要な出来事である。狩りする獅子がマリア昇天を経てキリストの戴冠モチーフへと変容すること、および守護聖人のおかげで熊は宥和される。そのことによって猛獣たちのかつてのいがみあう世界が分極して、救済を忍耐強く受けとめた者たちと、闘争姿勢の者たちとの世界へと分かれてしまったのである[9]。

トゥトリオが初期装飾・動物闘争の両レリーフに反応して滑らかに磨かれた象牙板とは、どれのことか。ザンクト・ガレン修道院史によれば、カール大帝が枕の下に習字のために愛蔵していた書板のことである[10]。これについてアインハルトに報告がある[11]。両彫板は古代において滑らかに磨かれたのであり、おそらく書面のための蝋製下敷きとして利用したのだろう。とはいえ完全な工芸品としてカール大帝に直接的関係にあったという可能性は、なおカール大帝存命中に彫られた第一の二つ折り彫板Csg.60にのみあてはまる(図33-34)。既にふれたように、今日見られる形に彫られたのは、北部イタリアの9世紀初頭と推定されるので、それはカール大帝の所有物であり、あるいは少なくとももともと彼に帰属するものとされた。

第二の彫板Csg.53(図38-39)はせいぜい9世紀末になって彫られたものである。この変化は第一彫板の異教ふう動物闘争の図像学をキリスト教ふうに作り変える努力のうちに起こった。彫板の裏面Csg.60に描かれる三つの動物闘争から、獅子の場面はコピーされた。熊のモチーフはしかし倍となり、拡大され、その内容性格を逆転した。熊は肉食猛獣から平和の動物に変身したのである。

両彫板はそのジャンルにふさわしく象牙なのだから、すでにその素材からして有機物界の由来であることは当然である。象の牙でできているということは、それが加工される段階、鑑賞される段階のいずれでも、オーガニックと非オーガニックの線引きが無効であることを明示している。硬くて柔らかいという混合性格がその質感を追感覚させてくれる。象のアブール・アッバースがバグダッドからアーヘンへの道をはるばるやって来たことからしても、彫板の原材料がカール大帝の覚えめでたいこの象に由来していることは、多くの象牙からも想定されたし、その象牙だけが、カール大帝につらなる聖遺物のごとき独特のオーラを、彫板に媒介したのだ。象の体の記号性格に対して彫板が形成したのは、人工物ではあれ、人工への対立物ではなく独自の領域であって、これが象の体の世界に対して距離をとり持続的に定義を更新し続けるのである。ここに象牙は橋渡し現象となった。それはいっそう熊のモチーフにふさわしい。熊は自分にふさわしい現前をこのような彫像群に見出したのだ。すなわち本性上狩られるべき猛獣なのだが、野生柵において飼い馴らされ、パラダイスにも等しい野生園において平和の生身の形象をポーズして、有機的象牙に疑似生体を演じているのである。

2．ブロンズの熊

　熊がカール大帝の統治をシンボルによって保証していることの意味を鑑みれば、1945年以来アーヘン大聖堂玄関のある南壁を占めるブロンズ象は、あらたなレベルを獲得する（図41）。

　その彫像は14世紀以来設置場所を変えながらも大聖堂の正面扉に認められてきた。だからそれがアーヘンにお目見えしたのはせいぜい14世紀なのだというのは、理論的にはそうだろうが、その場合、話題にもならないというのは、無理なように思われる[12]。カロリング朝の文献には登場しない、アインハルトのカール大帝伝でもそうである。とはいえすでに示したようにテオドリクスの

図41 アーヘンの牝熊、ブロンズ、鋳造、彫金

るかに大きな騎馬像でも事情は同じであり、そしてまたなぜ記録がないかを説明する理由が、この牝熊でも同じである[13]。800年以後のアーヘンにそれは存在した、そのことを証言するのが、アーヘン大聖堂の正面扉に安置された獅子の形状が同じスタイルであることである[14]。

ブロンズ像は「狼玄関」という名前をもらった扉の前に立っている。こう呼ばれる理由はこの彫像が中世後期に牝狼と表記されたからである[15]。こう認定されていたのは、この彫像はラテラノに見られる有名な狼(ルーパ)を代理してローマの象徴でありえたからである(図42)[16]。この像を牝狼と見なせば、たぶんアーヘンを新ローマとして認めることに都合がよかったのである[17]。

ローマの狼(ルーパ)は中世盛期のおそらく1195／1196年の作品であると最近明らかになったが、この鋳造はもともとラテラノ広場に設置されたエトルリアの像の

図42 狼、ブロンズ、カピトリーノ美術館、ローマ

コピーなのであり、したがってアーヘンの像の特徴はこの先行像への参照資料である可能性を少なくとも排除できないはず[18]。とはいえもっと重要なのは、ローマの牝狼がその姿勢といい形といいアーヘンの像とはいささかも似たところがないという点である。調査結果は明瞭である。すべての主要部位が牝熊の特徴なのだ[19]。しっぽがないというだけでもう牝狼とする可能性は排除されるだろう。加えて後ろ脚が問題である。それは人間の場合のように膝を前へ投げ出しているので、後ろへ引き摺る狼の後ろ脚とはまったく一致しない。この動物を狼と区別するのが首回りである。その頚部は豊かな襟毛を持ち、牙もまた熊のものであって、狼(ルーパ)のものではない[20]。彫像を牝狼と見なしたのは、ローマ文化をまさに無理にももたらそうとした時代ならではの視覚予断の産物である。

こういう反論もあろうか、カロリング朝の動物学的知見で両猛獣の違いなど認識できたのかと。しかしこの反論は二つ折り彫板 Csg.60（図34-37）の裏面を見るだけで根拠薄弱と分かる。そこではほんの小さな平面にすら豹、獅子、熊が描ききってある。上段の見当に描かれる熊は加えてアーヘンの像と類似した耳を示しており、同じことが二つ折り彫板の裏面 Csg.53（図40）にある熊のふたつの描写にも当てはまる。このことだけでもアーヘンの牝熊がカロリング朝に熊として認められ受け入れられていたことの確証である。

さらに熊たちはカール大帝のもとに送られてきた獲物の毛皮をもとに研究された可能性がある。加えてそれらは狩られたばかりか、すでに述べたごとく生け捕りにもされ、野生動物施設や動物園に飼育された。野生柵の世話用に雇われた大勢の飼育係は[21]、職業柄、種の正確な同定技術をおさめていたし、同じことは猛獣を識別し瞬時に区別できると思われる兵士たちにも当てはまった[22]。夥しく熊が狩猟されたカール大帝の御代であれば、識別能力はだれよりカール大帝自身にこそいっそう当てはまったはずではないか[23]。

試みに牝熊のブロンズ像に対峙したときのカール大帝の心にどういう光景が浮かんだのか想像してみよう。後脚に腰を降ろし、背筋を伸ばした姿で咆哮する姿は魅力的である、が、その胸には槍による創痕が口を開けている（図43）。

図43 アーヘンの牝熊、槍傷の細部

こういうシーンが起こり得るのは、イタリアか、初期ガレリア地方だっただろうか[24]。どうやらこの像は古代の狩猟群像の中心の役目を果たしたのであり、牝熊は槍持ちによって胸を刺され、さらに槍と斧を持った二人の狩人によって背後から襲われるシーンを構成したのである[25]。

獣といえど牝熊は、このように多勢に無勢の憂き目にあって必然的にヒロイックな様相を呈した。このような根本の事情が分からなくとも、16世紀の作家ハルトマヌス・マウルスはこの一面を直観的に把握しているのだ。槍の創痕であるのに後世の大方は鋳造ミスと見誤っていたのを、彼は次のように記している。牝熊は「奪われた子供あるいは赤子のためなのだろう、胸に大きな傷を負いながらも死を賭してなお闘おうとしている」[26]。

牝熊は闘う力を漲らせながらも末期（まつご）にあって、同時に素材の性格からしても中間ポジションを占めたかのようである。つまり鋳物なので運動の凝固形態をとるのだが、そのゆえにこそ運動を潜在させてもいる。このことは座る姿勢にも見て取れる。その体勢は本来もっと強烈な対峙姿勢なのであり、それゆえより高度の緊張があった（図44）。今にも動き出して闘おうというのである。それは、目下の、いささか鋭さを失った態勢と見なすより、ずっと断固たる力を漲らせていたのだ。

カール大帝がこの獣の像をアーヘンへと移設させようと決めたについては、像そのものに三つの要因があったようである。その征服、とともに眼にも鮮やかな闘争力、そこには狩る側の力が反映した。猛獣のために記念像を設置するのに畏敬に満ちてなされるほど、それだけ狩人も強力になる原理だった。ここで起こっていることは、殺傷の瞬間、死を孕んだ狩猟が生命付与へと反転する。

その生彩溢れる姿こそが、狩人の勝利の瞬間、勝利の悲しみをかきたてるのである。

この彫像はどこに据えられたのか証言がない、それゆえどの意見も推測の域を出ない。いずれにせよそれは胸の真ん中にぱっくり開けた穴、口の中、耳の裏の鉛管が示しているごとく、噴泉の像として使われたのだ[27]。ということは設置場所はテルメの施設の近く、動物園の隣りというロケーションを示しているのかもしれない。ここに像を置けば、カール大帝がラヴェンナ

図44 アーヘンの牝熊、ブロンズ、鋳造、彫金

からアーヘンへもたらした例のブロンズ像、すなわちテオドリクスの騎馬像と雰囲気的にマッチしてくるのではないだろうか。

3. テオドリクスの騎馬像

ラヴェンナを引用する

テオドリクス（東ゴート王国創始者、454〜526）の騎馬像はアーヘン宮中界隈の注目の的であったにちがいない。推測だが、騎馬像は881年にノルマン人によるアーヘン劫掠によって破壊され、溶かされたのであり、結果、その設置場所から設置演出まで跡かたもなく失われてしまった。それがラヴェンナから運ばれてきたものだっただけに、いっそう嘆かわしい事態なのだ。技術的、兵

站術的にいっても困難を極めたこの移送は、カール大帝の自意識のモニュメントという高度の意味、およびその助けを借りて体現したいと思ったメッセージを形成したのだ。

ラヴェンナの聖職者アグネルス（Agnellus）はその僧正年代記において騎馬像の移送を記述している。カール大帝はローマで戴冠したあと、「フランク国へ帰還。そのさいラヴェンナへ立ち寄ってすばらしい像を拝する。これに比肩するものを見たことがないと、王自身が讃えた。王はこれを拝観し、フランク国へと輸送させ、アーヘンの宮殿に安置させた」[28]。

像の移送はアグネルスの報告が匂わすような思いつきの行為では決してなかった。むしろカール大帝はすでに787年にテオドリクス宮殿の大いに貴重な遺物をラヴェンナからアーヘンへと移送させていた[29]。この件はおそらくカール大帝が教皇ハドリアヌスに当てた照会に基づいていた[30]。アインハルトの報告するところでは、王はアーヘン教会の建造のためにふさわしい大理石と適当な柱を求めていたが、これを見つけることができたのは、ただローマとラヴェンナでだけだった[31]。アーヘン宮廷、つまりカロリング朝帝国の中心にある核心建造物は、事実、こうして東ゴート国王の遺物によって歴史的な箔をつけた。ラヴェンナはアーヘンに存在し続ける、しかもそれは圧倒的印象を与えて驚かそうというよりは、アーヘンにおいてローマとラヴェンナを合体させるという狙い澄ましたコンセプトによるものだった。

このように二重の正統から衣鉢を継ごうとしているのは明らかである。ローマについては歴史記述によって守ろうとするのは、ローマ帝国崩壊以来、あらゆる秩序の混乱を治めるときの常套(トポス)となっている。新ローマ建国はカール大帝の主張の特徴の一つであり、800年以後に打刻されたコイン上に AVGVSTVS と表記されているところにもすでに見て取ることができる（図3）。こうした主張はカロリング朝終焉の後でも受け継がれていくことになろう[32]。

であればなおのこと遺物の活用によってカール大帝が、ローマと並んでラヴェンナに因んで列せられようとしたのは注目に値する——遺物のなかでも特

別な地位を占めていたのがテオドリクスの騎馬像だったのは当然なのだ。何故そういうことをするのか、テオドリクス王というのはビザンツ皇帝下の東ゴート国王としてあったのだから、そのテオドリクスを経由するということは、カール大帝に付与された皇帝格から東ローマ帝国に敵対する潜在力の一部を殺ぐということだったろうか[33]。けれどもなかんずくカール大帝の関心は、フランク族の国に深い歴史上の正統性を与えることだった。ローマ帝国の瓦解後、それを少なくともイタリアのために再興させたのは、同時代人の認識ではテオドリクスだった。こういう歴史を構成するためにアルクイヌスは自分と関わりのあったパヴィアの司教マグヌス・フェリックス・エンノディウスを引き合いに出す[34]。エンノディウスはゴート王の伝記を浩瀚な讃歌ふうに「テオドリクス王讃歌 Panegyricus Thoderico regi dictus」というタイトルのもとに起草しており、これをパウルス・ディアコノス Paulus Diakonus がカール大帝の宮廷に伝えたとされる[35]。カール大帝に感銘を与えた文言によれば、東ゴート王によって根底から新しいものが古代都市の「灰燼」から誕生した。テオドリクス王はその「かつての国境」を復旧させることで、「ローマ帝国の守護」となったというものだった[36]。この任務をほとんどかつての西ローマ帝国全土の統一者として果たしたのは、自分であると、カール大帝はアピールすることができた。ラヴェンナを801年に引用したのは、この意味で、ラヴェンナの遺物をアーヘンの聖堂に移設させた動機の一段エスカレートさせた新版なのだった。

彫像政治の確立

アインハルトのカール大帝伝(ヴィータ)のお手本となったスエトニウスのアウグストゥス伝記は、テオドリクス記念像設置について特に力を入れていたようである。スエトニウスによれば、アウグストゥスは「最弱小に始まって最大帝国へとローマをなした」将軍たちの凱旋する像をローマのフォーラムに設置させた、というのもアウグストゥスは彫像に業績を体現させることによって自分の尺度としたからである。のちの世代はこれらの像を規準として後続の皇帝たちを評

価することになろう[37]。カールの前世(アルター・エゴ)たるアウグストゥスが施したのがこのような彫像政治である。巨大なブロンズ像をアーヘンへ輸送させるという眼を瞠る偉業の理由を、これほどあからさまに見せてくれるものは他にはない。

さらなる承認を与えてくれるのが『カールの書 Libri Carolini』(790年)、その重要な部分はおそらくスペイン出身の、つまり西ゴートの伝統に由来するテオドゥルフ・フォン・オルレアンによって起草されたと推測される[38]。本書は787年のニカイア公会議の決議に対決するものであり、その議定書は不正確な翻訳のせいで、ビザンツでは絵画崇拝が許されていたという印象を一部与えている。カロリング朝神学者にとっては偶像崇拝が回帰するきっかけとなってしまった。『カールの書』はその反対の極を形成し、絵画の価値を記憶と装飾のメディアとして顕彰しているが、決して崇拝のメディアとは見なしてはいない[39]。

『カールの書』の注目すべき文言は、アウグストゥス時代の立像評価と一致していた。第4書18章に曰く、絵画制作も立像もその誕生には、高名にして大切な人物の逝去の苦痛を和らげる祈りがあったのだと。「彼らは自分たちの愛する人物の像や絵画を作らせる。残された者たちや崇拝者たちの苦痛を、図像を見ることで癒そうというのである」[40]。こうした決まりが、立像を神々に祀り上げることによって堕落していくのは、のちの時代になってからの話なのだと[41]。

こういう図像容認の立場はカール大帝の立場と等しく、彼がテキスト紙面に残した欄外注釈が明白に証明している。偶像破壊の立場を明快に否定する本文では、モーゼが高貴な蛇、ソロモンが青銅製の獅子と牡牛で表現されたのは、共同体の創設にとって肝要だからであると論じられている。こうした動物による置き換えを迷信のせいと難じるようになったのは、のちの誤用のせいであり、それはモーゼのせいでもソロモンのせいでもあるはずがなかったのだと。こうしたコメントを加えるにも、カール大帝は「良し(bene)」という強調のみならず、「カンペキ(perfect)」という感嘆符をしばしば添えて賛意を表わしている[42]。その発言に明らかなように、自分の彫像政治は、彫像が根本的に共同体を創出するという定義の上に成立していた。彼は自分の立像(図45)同様に、

テオドリクスの騎馬像の設置を、モーゼとソロモンによる立像設置によって始められた枠組みの中に置いたのである。

モニュメントの形式はふたつの同時代テキストに暗示されており、そのうち第一のテキストはアグネルスの筆になるものである。「両者を正面から見るならば、台礎は四角く二層の石塊からなり、6エレの高さに及ぶが、その上には青銅製の馬が載り、これには光輝を放つ金が被せられてあり。それに乗る者はテオドリクス王、左腕に盾を持ち、右手に槍を捧げ持つ。馬の鼻孔と口腔は開き、そこからは鳥たちが飛び立つが、それらの巣は

図45　カール大帝騎馬像、金箔の痕跡のあるブロンズ像、9世紀初頭、パリ、ルーヴル

馬の腹にあった。かくなる記念碑をだれか想像できようや？　私を信じられぬと言うのなら、フランク国へ赴くがよい、そこで眼にすることであろう！」[43]。

ヴァラフリド・ストラボの歌とテオドリクス像の形態

こうした挑発にヴァラフリド・ストラボが応じたのが、はや829年。彼自身と真実のムーサたるスキンティラの間の問答歌という形で[44]、アーヘン到着直後、20年初めに彼は騎馬像と対決した。テオドリクス記念像の理解に資するこの二つ目の文献は、記念像の豪華さを讃えるアグネルスを尻目に、反対の立場にあるゆえに一層価値がある。ヴァラフリドはこの像に、幸運の統治に対立す

るすべてが体現されているのを見る。歌はテオドリクスとともに記念碑をも一からげに否定するのである。

親教皇派の視点からは東ゴート王はすでにアーリア人の信仰のゆえをもっていつでも憎悪の対象であり、学者のボエティウスを処刑したという嫌疑が加わっては尚更であったのだ。大聖グレゴリウスは王が火口へ墜落して死ぬところを想像していた[45]。ヴァラフリドがテオドリクスへの軽蔑をその騎馬像に移し替えることによって、記念像の設置によってテオドリクスと自分を同一視していたカール大帝をも暗々裏に毅然と否定するアドバルーンを上げたのであり、これが歌によって披露された新しい声音だった[46]。

ヴァラフリドには記念像の知識は常識だったので、その形状を説明するのに描写の手法は用いていない。彼にとって関心事は「数多の像を従えて」(Vers29；付録参照) 像となっていることであり、馬に座っていること (Vers45)、黄金の騎馬像 (Vers129) であること、彼が黄金に飾られた身体をしており (Vers60)、手綱を持たないこと (Vers68)、槍を手に (Vers79)、馬の脇腹に黄金の拍車をかけ (Vers61f.)、石や鉛、そして空虚な金属の上を馬を駆る (Vers69f.)、そうして馬は一本の脚を挙げること (Verse80f.) であった。

これらの描写は、アグネルスが詳述するモチーフに加えて、テオドリクスが左手に持つ盾に触れる報告を補うものである。テオドリクスは昂然と馬上にあり、馬に拍車をくれ、馬はそれによって手綱をしぼられ、前脚を前方へ踏み出す。このモチーフは総体的に古代騎馬像の様子を示している[48]。右手には槍を持ち、左手には盾を持っているのだから、手綱を掴むことはできない。彼は手放しで騎乗するのである。影像全体が載る台石は、明らかにラヴェンナで用いられていた壇石に変更を加えたもので、ぴったり2mある。

これに直接つながる摸刻は伝わっていないが、参照される描写は少なくともお手本を明らかにしてくれてはいるだろう[49]。6世紀に制作されたバルベリーニ二つ折り彫板(ディプティヒョン)の両板のうち片方を見てみれば、少なくとも理論的にはテオドリクス記念像を知っていて生まれたと推測される (図46)。ここでももう一方

IV. 眼前に彷彿と   81

図46　バルベリーニ二つ折り彫板(ディプティヒョン)、象牙、6世紀後半

でも群像に囲まれ槍を持った君主は馬上にあり、その馬は前進の体勢である[50]。しかしなんといってもテオドリクス記念像にインスピレーションを得たであろうメッツのカール大帝騎馬像は、基本形を明らかにしてくれるだろう（図45）。その口髭は彼の身体政治の看板なのであり、それを強調することは、同じく口髭をたくわえたテオドリクスとの同化としても理解することができるはずである[51]。

騎馬像の周辺

　テオドリクスの騎馬像が建っていた場所については、議論がある。ヴァラフ

リドによる比較的明快な指摘によれば、騎手は「高名な宮殿とキリスト教徒達の群れ」[52]に顔を向けており、像は王宮ホールと大聖堂(ミュンスター)の間の広場の中央に立っていた可能性を示した[53]。では騎手はホールの方を（図47, B）、つまり世俗側に向かっていたのか、聖職者のセンターとしてのドーム、マリーエン教会へと向き直っていたのか（図47, A）。第二のケースではこれは彼自身の宮殿の建築遺物への心遣いとしても理解できただろう。両可能性を仮定しながら、この設置場所は研究者の間では今日に至るまでお気に入りのテーマである[54]。

この設置場所の問題は、ヴァラフリドがマリーエン教会、あるいは宮城側ではなく、城館区域と一括表記される豪華宮殿(プラエクララ・パラティア)総体について語っている点にある。つまり彼は全エリアを一望できる地点を視野に収めていたにちがいない

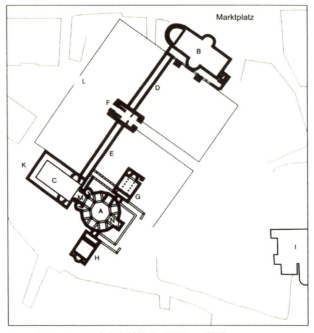

図47　カール大帝宮廷施設平明図の再構成、アーヘン

のだ。可能性としては王宮（アウラ・レギア）とドームの間をつなぐ回廊の入り口ホール前のポジションが浮かんでいた（図47, L）。ここには王宮全体を見渡すに十分なだけ離れているが、一方、なお城館の一部であってその大使館と結びつくにはまた十分近い場所にあった[55]。

騎馬像モニュメントはしかしこの場所ではひとり孤立していて、光が背後から当たるのでは大いに具合が悪かったろう。それゆえ代案としては浴場施設を含む城館の東領域が検討の対象となる。コルネリウス・ペーター・ボックとゲオルグ・デヒオはこちらの設置場所をすでに19世紀における初期の研究段階で提案していたが、その指摘は忘却の淵に沈んでいた[56]。

テオドリクス像がこのあたりに設置されたことは、ヴァラフリドの歌に明快である[57]。ドームの窓から彼は動物園の描写をしながら、まずふれるのが広場に広がる草はらと小川、それから多種多様な獣たちが広場を分かちあっている様子である。視線はこのエリアを過ぎ、それから同時にテオドリクス像をとらえる。「別の場所からは反射する輝きで光る黄金の騎乗者が、歩兵隊に伴われて」馳せ参じる[58]。
　　アリア・デ・パルテ

「別の場所から」とはドームから見て接続回廊の入り口ホール前の城館の西側のことであると仮定するのは（図47, L）[59]、正答ではない、というのも騎馬像への言及は直接的に野生園の記述と結びついているからである。北東に面する窓からは野生園への眺望が可能だが、この西地点は視野に入らなかった。ヴァラフリドが野生垣からの眺めをひと息にテオドリクス像へと移すからには、像は遠くから見はるかすテルメ区域の手前に立っていたにちがいない。浴場から見ると像は城館を向いている（図48）。

噴水像としてのテオドリクス・モニュメント

この場所はカール大帝にとってきわめて貴重だったにちがいなく、それだけヴァラフリドは深く嘲る。ヴァラフリドによるテオドリクスと記念像との拒絶は、まず設置場所から始まる。すでに最初からヴァラフリドの対話相手のスキ

図48 アーヘン・ドーム周辺の復元、二部構成のモデル、右手前はドーム、奥が浴場区域、その前にテオドリクス像の想定設置場所が記入してある

ンティラはこの場所を水利の悪さと結びつけて否定するのである。古代文芸の悲歌的自然の場所を、今こここの場所の惨めさに対置する。この地は糞まみれで、人が住むに適さない、「一方には誹謗する輩の、他方には貧者達の喚き声が聞こえ、（私達の）露出したふくらはぎを汚す黒い糞」[60]。この土地をムーサには「適さぬ」[61]、とスキンティラは言う、「糞、叫び声、溢れる泥水、喧噪」[62]、水のせいで、人間のふるまいと土地柄とが手に手をとって悪さする。その場所全体が呪われていたのだ。そこはぬかるんで、泥水が流れ、それに応じて人間たちは汚れている。

　この判断は立像の場所から元の場所どうりに語られている。後の時点であるが、視線はドームの窓から野生庭園を越えてテオドリクスの騎馬像に至る眺望を得ながら、スキンティラは、黄金の騎士が「歩兵隊に伴われ」「ある者達は鈴を鳴らし、別の者達はオルガンを弾く」[63]様子を伝えている。テオドリクス・モニュメントのこうした従者たちもまた全体構造に組み込まれている。すでに歌謡冒頭に語りかけられている肌の黒い鐘叩きが歌のさらなる箇所でも闇の権

化として登場しており、その闇はまた泥沼の低地の黒や、泥水の暗さと、人間の肌の黒い汚れから構成されるのであり[64]、次いでひとりの女が語られるが、スキンティラによるとこの女は声々の共鳴によって忘我の状態に陥る、明らかにエクスタシーのうちに絶命したのである[65]。ヴァラフリドによる群像侮蔑の頂点を形成するのが狂気乱舞の一行で、彼らは黒人が羽織った毛皮によって、強調されている（詩行54, 141）。

　もしかするとテオドリクス像とその従者たちのこうした特徴は、プルデンティウス作『魂の戦い（プシコマキア）』のカロリング朝版に鮮やかに姿を見せたような Superbia（7つの大罪のうち高慢_{スペルビア}）の描写をなぞったものだったかもしれない（図49）[66]。ヴァラフリドはテオドリクスとその取り巻きたちを最初から高慢の化身として際立たせているのだ（詩行41, 44）。高慢の女スペルビ

図49　いわゆるベルンのプルデンティウス：駆ける馬上のスペルビア（高慢）、部分、ベルン、宮廷図書館、Ms.264

アの戦斧と投石器といった属徴と荒行とはテオドリクス・モニュメントにはなるほど照応はしないが、巻きつけられた猛猫毛皮は騎士と馬の乱痴気騒ぎ(バッカナール)の性格を示している。

とはいうものの東ゴート王に随行する像たちのやることは歌舞音曲にとどまらない、むしろ「渡河に道を開く (vada praeparet)」のが、彼らなのだ。この但し書きによって水への関わりが再度強化される、というのも vadum という概念は、流れの瀬のことだからだ[67]。ヴァラフリドが「浅瀬」という概念を使うのは、テオドリクスの郎党が川を苦も無く渡ることを可能としたという意味ならば、このことは王が水のさなかにあって無傷ですぎることの比喩であったと考えることができよう。

もしかするとこのことは騎馬像モニュメントを噴泉像として用いたことの証であるのかもしれない。像の下を「水が流れ去る」[68]というくだりも、噴泉像という条件を証明する。テオドリクスが馬で歩むのは、スキンティラの説明によれば、「石や鉛、そして空虚な金属の上」[69]である。石は台石、金属は馬のこと、鉛はその中を水が走る鉛管を指しているのだ[70]。鉛管を使った水道設備は通常の備えであった[71]。

とりわけ重要なのは、中世で最も有名な立像のひとつ、皇帝ユスティリアヌスの騎馬モニュメントが同じく噴泉像として使われていたことである。たぶんアーヘンのテオドリクス立像を参照して9世紀中ごろリモージュに建立された噴泉は、アーヘンの噴泉がどのような様子であったか予測させてくれる。18世紀のスケッチではもっと詳しく描かれ、騎乗者の身振りは呼びかけ (allocutio) の型であることを示している。馬は右前脚を敗者の頭蓋に載せている（図50）。どうやらコンスタンティヌスの古代立像を再利用したもののようである。これにはアキテーヌ王領の独立をカロリング朝同盟の枠内で強化するという政治的意図があった[73]。

すべてこれらの証言と間接証拠は疑いもなくアーヘンのテオドリクス記念像がテルメ一帯の噴泉像として設置されたことを示している。1960年代中ごろに

完成したレオ・フーゴトのモデルは、この一帯のこうもあろうかという姿を、資料に基づく思考遊戯以上のものでないにしても（図21）[74]、少なくとも雰囲気的には再構成の可能性を提供してくれているし、最近の古代資料研究もこれを認識させてくれる。このモデルに仮に基づいてみれば、遮るものなく王城を見はるかしている立像がテルメ・ホールの前に想像される。像の足下

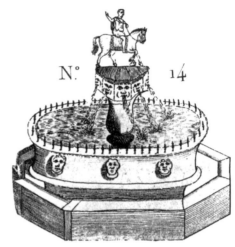

図50　13世紀に破壊されたリモージュ泉水のスケッチ、18世紀

には群像に囲まれた噴水があるのだ（図48）。

テルメの乱痴気騒ぎ（バッカナール）の一団

　ヴァラフリドの言及からはブロンズ像の設置場所が明瞭に浮かび上がり、随行する群像の乱痴気騒ぎ（バッカナール）の性格も公然たるものである。明らかに彼は場の意味とグループのイコノグラフィの意味をはっきり認識しているが、その評価は施主であったカール大帝の考えとは対極にある。カール大帝はテオドリクスの随行員のネガティヴな意味づけなどさらさら頭になかっただろう。スキンティラはエクスタシーのうちに自失する女の死と解するが、巫女メナイーデの恍惚のことであるのは明白である。黒い肌の鐘叩き、その他、鐘打ち鳴らす鼓手としてふるまう楽士たちと一緒になって、乱痴気騒ぎの一団が行進してくる、テオドリクスの栄誉の行列に伴った者たちとは、そういう者たちのことだ[75]。

　古代からこのような彫像のあまたの例が、伝えられ、少なくとも知られており、噴水の縁か水盤を囲んでいたりするのだ。もっとも有名であろう噴水は

ティヴォリのハドリアヌス・ヴィラ噴水池(ヴィラ バッサン)であるが、劣らず強烈な印象を残すのは、トリア近郊ヴェルシュビリヒに設けられた古代皇帝邸宅の水盤(ベッケン)だったはずである。それはメロヴィング王家の持ち物となり、その後、教会建物に付設された。カール大帝の時代にはこれら複合施設はビリアコ、あるいはピリアコと呼ばれていた。約58×18mの規模で、当の水盤は推定112体のテルメ群像に囲まれていた[76]。それらはさまざまな民族の代表を表しており、そのアンサンブルが800年頃なお実証可能だったとされる場合には、アーヘンの群像、とりわけ肌黒の楽士たちの様子に一致している[77]。

アフリカやアジアを体現していると目される乱痴気騒ぎ(バッカナール)のグループを使ってカール大帝が呼び掛けているのは、明らかに諸民族に冠たる代表としてのテオドリクスである。彼らは乱痴気騒ぎを演じ恍惚のうちに一体となって動物庭園の方角に向かう、ここを目指すという行動は、この地上の楽園という無原罪(プレラプサル)モチーフと、陶酔にひたる認識は無原罪であるという考えとを結びつけるのであり、黒の像については眼前に広がる動物庭園のライトモチーフのひとつである「大地」の四大(エレメント)を強化するという謂いだった。

ローマのラテラノ広場に坐する刺を抜く男は古代の牧歌風景を呼び起こしたのだが、肌の黒い男の裸形はその記憶だった可能性がある。牝熊もまたテオドリクス・モニュメントとの関わりで置かれたとすれば、ローマのラテラノ広場とそこに立つ彫像へと焦点が合わさっていくのである。古代モニュメントはテオドリクスに、裸の刺を抜く少年(スピナリオ)は衣をまとわぬ鈴振りに、牝狼は牝熊に[78]。

記念像に随行する者らのさらなる描写のうちにヴァラフリドの歌謡全編は結ばれる。部分的にすでに引用したこの詩句ではスキンティラはこれらの人物群を至るところで呪われたテオドリクスと同一視する。「この世では彼には干からびた名声のほか何もない。テルメにいる輩は彼のために浅瀬を用意するのだが」[79]。噴水のまわりに集いそれを待ち合わせ場所にする生身の人間たちとテオドリクスに従う者たちは、ひとつの集合を形成する。東ゴート王の郎党となった彼らは「テルメの輩 thermarum vulgus」であるのだ。

こうした形式の先鋭化は、この歌の理解にとってもモニュメントの立地解明にとっても基本を明らかにする。すべての登場人物は、スキンティラ曰く、神を冒涜する者の仲間である、であればこそ彼らが神を護るのである。古代からコンスタンティノープルのスタジアムでさまざまなスポーツ団体のファンが青党と緑党に分かれたように、そしてそれはまた一般政治の問題についても同様の態度をとるのだが、テルメの客がここでは党派として解釈される[80]。彼らはヴァラフリドによれば泥まみれで腐敗している、その彼らがテオドリクスを讃えるのだ。カール大帝がテオドリクス立像と結びつけた意図の深い転倒が、ここにある。

　テオドリクスの噴水像の元々のポジティヴな条件は、それゆえヴァラフリドの評価を逆転すればいいのだ。アインハルトの証言によれば、カール大帝の水泳熱こそ、アーヘンが特権的地位に至った理由。水泳を特別偏愛するという意味で彼に深い印象を残したのは、『パネギュリクス・テオデリコ』によるテオドリクスが彼自身と似た背丈であるばかりか、水泳の名人であったと言われているところにある。生涯、最も重要と思われる戦闘に勝利できたのは、背水の絶望的な状況のさなか、兵隊たちとともに流れを渡渉し泳ぐという気ちがいじみたことを企てたからで、渡渉のさ中、はや、敵の歩兵隊に襲われ、岸辺に着いては当初は完全に消耗しきっていたにもかかわらず、人体の起こす水流の圧力をしばし集中させて戦端を開き、全面勝利を目指した。水流は彼にとっては恐れるに足らず、「激流」すら彼に「仇なす」ことはできない[81]。テオドリクスは神話的名声に包まれた泳者であり、このことが彼をしてテルメ一帯にそびえ立たった理由なのではないだろうか。

　さてこうした推測上の個人的な事情以上に、テルメ区画にテオドリクス・モニュメントを設置すると、ラヴェンナを連想させることができたし、より狭い王宮区が新ローマとして登場したからには、カール大帝の歴史的正統性を守護する第二の要素も明示することができた。こうした双極性をもってカール大帝が正統であることの自明性の両根拠がマニフェストされた。町のいかなるエリ

アも浴場ほど古代の残骸の上に新たな始まりを保証するものはなかったし、これこそがテオドリクス立像をここに設置し、乱痴気騒ぎ(バッカナール)のグループを配備するよう促したのであり、「テルメの輩」とはこのグループのことであり、王宮の建物群への対極となったのである。

ヴァラフリド・ストラボの自己矛盾

ヴァラフリドの歌謡は829年の春、日も長くなったころのこと、一帯は冬のあとなればひどい有様だったことだろう。なのにこのことが作者の念頭にない。むしろそこに働く人と場の、彼の目からは惨めに見える状態を宗教的社会的堕落と言ってのけたのだが、これはカール大帝にとってこの場を聖なるものとしたすべてのものに真っ向対決しているのである。

この歌謡の作者は才能に恵まれた若者であって、ラテン文学の技法万般を修め、十分に己をわきまえ、終わりにアイロニカルに自問するような人物である。とはいうものの皇帝の宮廷に地歩を得んとしてあらゆる巧言令色を弄しても、829年の紛争の網に足をとられてしまう成り上がり者の作品でもある。どの局面でも矛盾が現われる。党派の旗色をはっきりさせると、それが次の瞬間には突発事件によって信用失墜の元となるだろう。

宮廷で成功したいという欲望がヴァラフリド自身にあるからには、ときの皇帝ルートヴィヒとその妃を描写すれば讃歌になるのは当然。ところが皇帝の末期を持ちあげ過ぎたので修正しようとして、ルートヴィヒの最初の結婚から生まれた息子たちロタール、ルートヴィヒ、ピピン賛を対置するが、見誤りようもなく彼の共感は最初のイタリア王にして皇帝であるロタールにあるのに、この人物はこのとき父に反旗を翻していた[82]。最初の一瞥ではうまい妥協と見えたものが、事実(デ・ファクト)は言葉のあやで窮地に陥る[83]。事態の見極め難さがヴァラフリドをさらなる矛盾、あるいは計算違いにすら迷いこませる、たとえば彼の後ろ盾ヒルドゥインを見る眼など[84]。

ヴァラフリドのカール大帝評価も同様に矛盾している。大帝はすでに存命中

からどれほど賛美されようともまさに侮蔑と激しい敵意の標的であり、その敵意のために最強のイメージを提供することになるのが、ヴァラフリドによって824年に起草された『ヴェッティヌスのヴィジョン Visio Wettini』である。それは僧院学校ライヘナウでヴァラフリドの師であった僧ヴェッティヌスが死の直前に経験した夢のヴィジョンを描いたものであり、これが業火と煉獄を通底してダンテの煉獄(プルガトーリオ)とインフェルノで頂点に達する文学ジャンルの創始と目される。カール大帝については広場に身じろぎもせず立っているが、その前には逸脱した性生活の罰として性器を「噛みちぎる」一頭の獣がいる[85]。たしかに同道の天使の告げることには、カール大帝は最後には帝国の皇帝として否定できないあらゆる功績に鑑みて浄福された者たちの仲間に受け入れられるのだが、苛まれる罪人のイメージは固定されていて、その他の俗と聖の権威たちの罪状暴露も同じなのだ。現統治者である皇帝ルートヴィヒをも批判するには、なかなかもって勇気を要した[86]。

　ヴァラフリドは『ヴィジョン』を起草して2年後にアーヘンにやって来た時には、変わらぬ「怒れる若者たち」だったが、自分の批評にラップをかける術は心得て、この点の上達ぶりはなかなかなのだ。テオドリクス・モニュメントに対する弾劾、つまりカール大帝に隠然と向けられた弾劾から優に10年たって、アインハルトの大帝伝にヴァラフリドは、皇帝もその伝記作者をも高い調子で讃える序文をつけるだろう[87]。もっとも829年の歌はカール大帝への否定の枠組みで眺められなければならない。カール大帝がテオドリクスを高く評価し、その特別にお気にいりの場所に騎馬像を使って政治的目印を設置したのだが、ヴァラフリドは皇帝断罪をするのにそのテオドリクスをデーモン化するという回路を使うのである。なるほどヴァラフリドはカール大帝をマリーエン教会の建立者として讃え、その教会の完成には皇帝ルートヴィヒが永遠の功績に与(あずか)り、続く詩行に強調されることには、ルートヴィヒは同じ理由から「永遠に高き玉座にまします父」カールを讃えるのであるが[88]、しかしこの賛美の調子は、同時代人なら誰でも分かることだが、テオドリクス・モニュメントへの批判に毒

されており、彫像制作を注文した者も断固批判されなければならないのだ。

　カール大帝の彫像政治に関してはヴァラフリドは驚くべき意見を差し挟んでいる、「彼の黄金の像は柱の頂上で戯れ」とある[89]。その他の黄金の彫像については、同じく金を被せた銅製の牝熊が知られるのみであるが、乱痴気騒ぎの一団と並んで、ヴァラフリドが関わったかもしれないさらなる彫像があったかもしれない。像が「戯れる ludunt」という指摘だけでもう、意味深長なのだ。この ludunt というのは様々に解釈がある。この像はそれ自身で楽しんでいるのであり、「飾りとなる」のであり、演じていることを「からかう」のである[90]。次のような注釈詩を眼にすれば、あらゆる３つの要素が矛盾に満ちているとはいえ、すべて共振するのである。カール大帝の「才能(インゲニウム)」を「プラトンの教義に結びつけはしない」とスキンティラは続ける[91]。ここではどれほどの洗練された皮肉でカール大帝が描かれることか、大帝はプラトン哲学の形象批判的要素を知らないか、翻訳できない阿呆として描き出されるのである。ヴァラフリドはのちに大司祭ヒルドゥインを讃える折に、偶像など「崇高なる者ら」がキリストの御名をもって粉砕することだろうと意見する[92]。この「崇高なる者ら(プレーブス・アルマ)」は偶像崇拝と擁護を行なう「テルメの輩」とは著しい対照をなすのである。

ヴァラフリドとアインハルトという対蹠人

　ヴァラフリドのテオドリクス像攻撃の記念碑的歌謡とアインハルトのほぼ同時期に生まれたカール大帝伝は、対角線上に位置を占める。確執は密かに進行する。ヴァラフリドが浴場施設を汚泥と悪徳の場所として唾棄するとき、アインハルトはカール大帝がこれを帝国の中心に据えたと強調するのである。テルメ一画の客はヴァラフリドによっては外面も内面も人間の黒さの権化として記述される一方、アインハルトにあっては、皇帝の招待によって水泳や湯浴みにやって来るのは、息子たち、友人、有力者、宮廷衛兵、親衛隊である。テオドリクス記念像のまわりにたむろする「テルメの輩」と軽蔑的にヴァラフリドなら呼びならわすものが、アインハルトにあっては廷臣たちの最上の者たち(プレーース)とし

て「百を超える」共泳者のことなのだ。

　アインハルトはラヴェンナからドームへと運ばれた建築遺物を特記しているくせに、テオドリクスのモニュメントには一言も触れていない[93]。彼はこのモニュメントが、かれこれどれほどの気象変化に曝されてきたか知っていたに違いない[94]。カール大帝の生涯記を起草した時点でアインハルトは宮廷生活や皇帝ルートヴィヒとその息子たちとさまざまな利権グループの間の争いにうんざりしていたので、宮廷出仕を免ぜられるよう願い出ていたくらいだ[95]。数年後、引退を許されるや、彼は「宮廷の茶飯事(スタートゥス・レールム・パラティナルム)」にもう悩まされたくないという言い方で、宮廷への内的離反を表現した[96]。

　しかし彼は隠棲地ゼーリゲンシュタットでは仕掛け人としての能力にふさわしい最後の活動を繰り広げた[97]。この時期に生まれた著作には、17世紀のスケッチに伝わるいわゆるアインハルト凱旋門(ボーゲン)が含まれる（図51）。それは縮小版の凱旋門図であり、木製の芯には銀が被せてあった。凱旋門図4ページすべては複合した宗教的プログラムの絵が添えられているが、通用門の両ページは、足下に二頭の大蛇の這う二人の騎士を示している。それが誰であるかは、皇帝コンスタンティンとカール大帝もしくは皇帝ルートヴィヒ、あるいは皇帝ルートヴィヒとその息子ロータールの名前が挙げられるが、確証があるわけではな

図51　アインハルト凱旋門(ボーゲン)、17世紀のスケッチ

かった[98]。いずれにせよそれらは騎士たちが槍と盾を装備しているという点で、テオドリクスの騎馬像を思い出させるものである。アインハルトがここでテオドリクス記念像のタイプを引き合いに出しているとするのは、論外である。そうではなくて、ここでは凱旋門がカール大帝伝の密かな補いとなっているのだと見なすのがいいだろう。

生きている像という問題

　騎士モニュメントの歌謡が、根深い嫌悪を養分としているので、ヴァラフリドのカール大帝評価はアインハルトの大帝伝と対照的である。ところがまさにこの深くを抉る否定が著者にも思いがけない結末をもたらす、そしてこれが彫像の現前感(プレゼンツ)にも関わってくる。カール大帝が独自の彫像政治を追求するのにどうしてテオドリクス像を介したのか、ヴァラフリドには瞬時に了解されていたのは明らかだ。自分の意見は万般に妥当するはずだという態度で彼は、生きていないものと生きているものの境界を撤廃することこそ皇帝の形象政治の本質要素であると断言し、拒絶してみせるのである。

　テオドリクスの立像は、自分が生きているというメッセージを、時を超えて生き続ける型どりの鋳物へと移行させようとする。ブロンズ像がこのように疑似生体へ移行することは、幽霊信仰ともアニミスムとも関係ない。図像にまつわる奇蹟信仰を非難する態度は、19世紀文化闘争に由来するもので、せまい意味での啓蒙主義の優越性を新たに確立しようとして、いわゆる中世をデーモン化するのだが[99]、この態度はカール大帝の形象政治が活躍する歴史的枠には該当しない。彼の政治は身体図式の形象による行為と「生身の形象」が共演するクラシックな伝統を受け継いでいるが、彫像魔性説にのっとるわけではない。こういう境界越境の形式は歌謡全編を貫いている。それがはっきり認められるのが裸の人物で、まずテオドリクス像の従者として語りかけられるのに、物語の経過するうち、生きてアクティヴにふるまう人間の特徴を帯びてくる。黒人は随行する楽隊の一員と考えられるが、一行から離れ、自分らの音楽とは相容

れないギリシアのオルガンをハンマーで破壊しようとする[100]。暗い肌の人物像に明快に現れているものこそ、形象に促される行為の究極形であり、図式的で、ここでも代理的である、つまりそこでは人工物の造形と生きた主体との境界がないものとされるのである[101]。

同様のことが当てはまるのが、ヴァラフリドが導入部において問いかけている人物群であり、明確に彫像として導入しているくせに、後続する説明では、楽士たちは生身である特徴がありありと描写されるので、それらの立像についての研究は今日に至るまで生身であるのか、立像であるのか意見の一致をみない[103]。これらの像を描くヴァラフリドの喚起力のポイントは、その葛藤を解消できないという点にある。像はプラトンが定式化したような[104]身体図式による形象行為(ビルトアクト)そのもののように、無気味なことに、死んだ空っぽな物質としても、動き回る存在としても形をなすという点で、そこに居る現前感(プレゼンツ)を増すのである。ヴァラフリドは騎馬像に結局は自分で直接的に呼び掛け、自分の歌謡をインスパイアしてくれる女神として感謝を捧げている[105]。この 転 回(ヴェンドゥング) はとても皮肉な言われ方をしているので、これもまた有機物と非有機物の境界撤廃という構造がらみの遊戯を養分としているのである。

テオドリクス・モニュメントは噴水の王冠の位置を占め、古代ぶりの群像がその周りに狂喜乱舞している。これらは一種の偶像礼拝(イドラトリー)告発の自己演出なのだ。ヴァラフリドが像を、生命体を思わせるという咎で非難するくせに、同じことを自分の歌謡においてなぞっている、というのも彼はモニュメントに従うこれらの群像を、見方に応じて付随像かと思えば、人間の従者に見えるように描いてしまうからである。

さらに雄弁なのは、「戯れる」という動詞の使用である。その単語は、パラダイス・イメージの表象を身振りする動物園の生きた動物たちと、すでに言及した柱頭に立つ黄金の像とを一体のものとする。野生柵において「飼い馴らしたものと野生のものとが戯れる（ludunt）」ように、黄金の形象も柱頭に「戯れる（ludunt）」のである[106]。

こうした観察のことごとくにおいてこの上なく鋭い批評眼を示した彼だから、カール大帝の統治が、反抗する個人や共同体だけでなく野生の動物界にも強制的に平和をもたらしていることを見て取ったのだ。皇帝によって束ねられ支配されているのは、被造物すべてなのである、たんに人間のパートに留まりはしないのである。アーヘンの動物園の野生動物たちこそ平和共存のお手本、フランク族といがみ合うザクセン族のごとき共同体は自から進んで服従せよ[107]。けれども両界の強烈な結束(フェアクラメルング)は生き物の世界を溢れ出る。カール大帝の支配はメタル工作による疑似生命体の圏域にまで拡大された。この圏域は彼の身体の記号性格に始まり、衣裳の媒介行為、および狩りにおいて猛獣を倒すことを経て、動物園での飼育にまで、そして魂を吹き込まれた鋳金にまで達していたのである[108]。

生きている石

ヴァラフリドが彫像に批判的眼差しをもって嗅ぎつけたことは、同時代の書籍の中には傍証となる同意見は見当たらないのだが、大帝の統治原理をまさに高らかに証明してみせるのが、ドームというメディアである。この教会についてはヴァラフリドはこう言っている、礎石は「聖なる石」である、自分はその石とひとつの表徴とを共鳴させ、天なるイエルサレムの寺院の上へと向かわせる者である[109]。アインハルトはそれに対し大いに反発したが霊的な誇張はしないで、カール大帝の建造物——先ず何よりマリーエン教会——が建てられた目的である「装飾と有用」について語っている[110]。パーダーボルン叙事詩はドーム建設を、大勢のボランティアが石の移送と加工に従事し、眼もくらむ高さにまで組み上げた情熱の証として挙げている[111]。アーヘンは「第二のローマが新たに咲きほころび亭々と聳えるところ、圧倒的な壁、その上の至高の屋根は星に触れんばかりである」[112]。これらの言葉でもってアーヘンは、ローマのパンテオンを呼び出しながら、帝国に対する古代の要求を新たに実現する新しい永遠の都市と呼びかけられる。

建物自体には霊的な要素を含む定式が選択されているが、それはこのような

図52 アーヘン宮廷チャペル、内観

建築をもたらすことのできる共同体のコンディション次第である。下の階と上の階の負荷がかかる接合部を銘文が、これ見よがしに一周しているのを、同時代の手書き文字を使って20世紀初頭に復元したものである（図52）。6連は5世

図53　アーヘン宮廷チャペル、内観、銘文（図52の細部）

紀の作者プロスペル・ティロ・フォン・アキタニエン、および結びの二連はアルクイヌスのものである[113]。第1連は、物質の形をとった一種の霊的社会学の証である。「生きている石を組むには、平和という接合剤を使うべし」（図53)[114]。平和だけが —— これが要である —— このような建築を建てる条件を可能とするのだ。生きている石を接合し維持することができるものとは、モルタルである。

ここで暗示されているのは「生きている石（ラピデス・ヴィヴィ）」のことであり、出典であるペトロ第1書簡では共同体が神の家へとメタファ化されており[115]、いにしえのお手本どおり石は内部に魂を享ける器となる[116]。この定式には教会の原キリスト教的定義が、共同体をなす信者たちの精神的紐帯として共振している。アーヘンにおけるこの考え方は教会建築の出来上がった形態に対しての発言であるが、平和イデーと結びつくと、社会的芸術理論的意味を孕むことになり、そこでは物質も形を成すことによって〈生きている〉ことのメタファとなることができるのである。これは奇蹟信仰の産物では決してない、そうではなくて形を成した物質と観察者との相互遊戯、非生体の素材を生きたものとして登場させる相互遊戯を明晰に洞察した結果なのである。これがブロンズ像を前にヴァラフリ

ドが持ち出すことができた批判の要点だった。彼がカール大帝の ―― 身体図式による形象行為のヴァリアントたる ―― 形象政治の正鵠を射たのは、ここである。

図54　アンナ礼拝堂のブロンズ門扉、アーヘン、ミュンスター

V

鏡面化

1．彫塑対象としての獅子

　アインハルトがテオドリクスの騎馬像を論じなかったのは、おそらく宗教政策的理由からなので、彼がアーヘン大聖堂の設備には大いに関心を示しているのは、なおのこと目覚ましいことである。カール大帝は「アーヘンに壮麗な教会を建て、これに金や銀、明かり、量感のある金属製の格子と扉で装飾を施した」[1]。こうした工芸品を取り上げているのはアインハルト自身の自慢もあったのだろう、何しろ彼はこの道のプロだったのだから。彼自身がこれら尋常ならざる作品群のオーガナイザーだったもようである[2]。

　とりわけ上階手摺りのブロンズ格子とブロンズ扉は、その制作技術からして格別の技能を示すもので、最高の扱いを受けている。ローマではこの伝統が断絶してしまったのに対し、メロヴィング朝のブロンズ鋳造技術は継承されていた。ブロンズを型に流し込む能力が、この金属を卓越した立像に変える時にも発揮されたのである。アーヘンで制作されたブロンズ像のすべてがカール大帝によって古代へと結び付けられ、「永遠の都」ローマに対する優越を目指した[3]。芸術工学的達成は途方もないと評価されていたので、200年も後に司教ヴィリギスなどは自分のことをマインツ大聖堂に同様のことを達成したカール大帝後第一の者と誇らしげに告げているほどである[4]。

かつてソロモン寺院にはブロンズの鋳物師ヒラム・フォン・テュルスが何百というブロンズ製の石榴の実に柱頭飾と並んで、「獅子、雄牛、ケルビム」の絵、および青銅の海の12頭の等身大雄牛を製作したが、カール大帝はアーヘンのマリーエン教会の扉にそのソロモン寺院の聖書描写に応じた装飾を着けさせている[5]。

もともと存在した五つの扉のうち教会入り口と下階のフーベルトゥス礼拝堂および上階のカール礼拝堂とアンナ礼拝堂に四つが保持されている。扉は絵画モチーフも文字も刻まれていない平面に枠装飾を伴って、いずれも同じ型を示している。扉の半分ずつに一頭のブロンズの獅子頭が象形的装飾として鋲接されているところも、同様である。

カール扉（図55）には歯を剥き出しにノッカーを咥えた獅子の頭が、抽象化された姿をして、仮面の厳かさを装っているように見える。このシリーズの獅子の頭はたいていこのような姿で描かれ、意味を持たされている（図54）[6]。ところがフーベルトゥス扉の頭たちの、若干斜めから撮られた近年の写真には、頭部であってさえ途方もない生命力を鮮やかに放射しているのが見てとれる（図56）[7]。瞳孔の構造が微にいって明示されるだけでもう、その鋭い眼差しは猛獣王の存在感そのもの、畏怖の念を抱かせずにはいない。

図55　獅子頭、カール礼拝堂のブロンズ扉

内部に抱えたアンビヴァレンツが、固有の緊張となって亀裂を感じさせればさせるほど、その波及力は増していった。たとえば顔の平坦な部分は、焔のようにもつれる鬣（たてがみ）に移行していく、些細なことながらこれによって頭部は、放散する極形態（エネルゲイア）を与えられる。この鬣の渦巻き紋様は顔を縁取って、ほんのわずかのディテールにもシンメトリーの規範をゆるがせにしない。とりわけ目を引くのは、ひたいの生え際の描写で、ひたいからは内巻きのふたつの毛束が、それぞれ左右に外向きへと分かれていくのに対

V. 鏡面化　103

図56　獅子頭、フーベルトゥス礼拝堂のブロンズ扉

し、互いに長さの違うふたつの渦巻きは上へと向かって隆々と登っていく。このタイプの頭部はシリーズ化されているが、繊細なニュアンス表現に従って、それぞれ個性を生み出している。

　主玄関の扉、通称オオカミ扉(ポルタール)（図57）に付けられた獅子は、見る者に頭を昂

然と挙げてはいない、垂れているという点で、他の扉の獅子たちとは甚だ異なる。初めてここを訪れる者は、撃退されるのではなく、むしろその前傾姿勢に惹きつけられる。それら頭部の表面全体はメタリックというより柔らかく、頭髪から鬣はより緊密に連続している。こういう違いが、頭部によって視線もまた下へと向けられ、結果、牙が見えないということを引き起こす。このこともまたこの獅子の頭の温和化に役立っている[8]。

牝熊であると同定された例のブロンズ像がアーヘンに搬入されたあとでは、カール扉の獅子と主玄関の獅子の優劣は誰の目にも明らかとなった[9]。この猛獣の毛皮と顔の部分は（図58）、アーヘンの職人たちにも明らかに感銘を与えたからこそ、彼らはこの体験を主玄関に直接的に移し換えてみたのである。このようにして二頭の獅子は生まれたのであり、以前に作られた同様の動物たちよりも、ずっと仮面的金属的なところがなく、生き生きとして見えた（図59、60）[10]。

しかしまたこういう様式化によって、カール扉やその他のブロンズ扉の、威嚇ポーズで唸る獅子は、主玄関の馴致された獅子の頭へと変容するのである[11]。こうした獅子の頭の変容は、格闘の相手であって互いに狩り狩ら

図57　主玄関、通称オオカミ扉、アーヘン教会

V. 鏡面化　105

れた野獣が、宥められ温順化した獣へと転換することの実現であるように見える——これは猛獣が狩猟から飼育柵へと移行する過程にアナログである。必死の野獣が平和の獅子になりおおせることで、森での狩猟世界、野生柵、動物園の和平ゾーンで演じられるものが、もう一度ブロンズの形で実演される。実際、少なくともアーヘンでは一頭のライオンがいたという。

その人工性によって第二次分類の生命が発生するというブロンズ製獅子の、こうした芸術性格は、それらを装飾円が囲むことによっても強調される（図60）。葉っぱの装飾によるこのリング形は、ブロンズ平面の地から図を切り分け、獅子の頭を皿の上にあるかのように提示することに成功している。この装飾の輪型は、牝熊の首を囲む鬣の花冠が（図58）まるで幾何学紋様にまで抽象化されたかのような効果を発揮している（図59）。円形の縁取りというモチーフは、キリスト像と皇帝肖像に施された強調様式で

図58　アーヘンの牝熊、細部、ブロンズ、鋳造、彫像

図59　通称オオカミ扉の左側の獅子頭、ロー・アングルで撮影、アーヘン、大聖堂

図60　通称オオカミ扉の右側の獅子頭、主玄関、アーヘン、大聖堂

図61 　左図：カール大帝肖像コイン、804年以降
　　　右図：通称オオカミ扉獅子頭4分の3プロフィール、主玄関、アーヘン、大聖堂

あり、紋章楯(クリペウス)という古代の伝統に還元される。大規模には例の装飾本で、一人の男がカール大帝のコインを紋章楯(クリペウス)のように掲げていて、目覚ましいことであった（図1）[12]。

　獅子は、わざわざ縁取られ、顕彰され、生彩を放っており、相俟って寓意性格を強くしている。とりわけ主玄関に設置された獅子の頭の鬣(たてがみ)は、初めは野性味にあふれて見えるが、その綿密な仕上げぶりは、カール大帝が自分にも廷臣たちにも要求した頭髪と髭(ひげ)の整え方に同じである（図60）。ふたつの力強い、額から盛り上がった巻き毛はそれぞれシンメトリーに対置され、そして次には内側へと巻き込む渦巻紋となって終わる。頭蓋冠にかかる二つの束になった巻き毛は逆回転にカーヴして、互いに鏡像のように外に向いた渦巻紋になっている。他にも耳周りの髪の房はシンメトリーを形成している。鬣(たてがみ)の野性味は渦巻く巻き毛の力つよい紋様に保たれているが、その匠の技による鏡像秩序は明澄この上ない、この精緻な仕上げこそ、カール大帝が是非にも望んだものだった。

　輪っか(リング)の差し込み口の周りには、カール大帝の口髭に相当する獣にふさわしい細かな彫刻が施されている。このことは主玄関の左獅子に特に当てはまり、その口腔は口髭に囲まれ、まるでカール大帝のそれに似ているのだ（図61）。

この瞬間、皇帝はカロリング朝人の身体的アイデンティティのひとつを、規則正しく整った頭髪と髭の形で再発見することができた。のちに「レオン」・バッティスタ・アルベルティは、髪を獅子の鬣(たてがみ)と意図的に一致させてブロンズ自画像に演出することになるだろう[13]。ここでは獅子の図柄において支配者風獅子として彫像の対象を創造しているのは、皇帝なのだ。

2. 鏡面となるブロンズ

扉の全平面に文字も絵の要素も何もない、その潔さは、獅子の顔貌とその途方もなく手の込んだ特殊鋳物技術があるだけに、いっそう驚きである。カロリング朝の図像神学には基本的に偶像否定的な性格が潜んでいて、それがひとえにブロンズの表面に効果的に空虚な平面を産みだす弾みを与えたのだろう（図62）。とはいえこの平面はまさに図像不在の様式であればこそ、強烈な図像性格を具えるのだ。ドームを色彩的に支配する深紅の漆喰と一体となって、扉の平面はとてつもない印象を与えたに違いないのである[14]。

獅子以外、文字も形象もない様式によって、アーヘンの扉群は古代から用いられてきた鏡の効果を発揮した。ブロンズあるいは銀の表面は、鏡(スペクラ)として役立てられた（図63）[15]。鏡は常に高い価値を持ったという証言が、教皇ボニファティウスV世の書簡にあり、イギリス女王エセルバーガ Ethelberga への贈り物とした銀の鏡と櫛について言及がある。731年に完成した英国教会史にこの記述を採録しているのは、ベーダ Beda である[16]。

カロリング朝では歓談百科事典の役目を負ったイジドール・フォン・セヴィリャの『語源の書 Etymologiae』において[17]、ブロンズの型どりのことを「金銀とまごう」[18]「大気の色の戯れ」と結びつけている。アーヘンの扉群が、散漫な鏡映機能を高めるであろう金を被せられていたかどうかは不明である[19]。イジドールの説明では、ブロンズが散光性質のものであるために一種メタル集合体を表わしている、それは金の効果になじむと言っている。ブロンズでは金

属の鏡映可能性が保存されるのである。

　伝来のこうしたやり方を大範型へと拡大したアーヘンのブロンズの扉群は、疑いもなく巨大鏡としての効果を発揮したにちがいない。物理学はここでは解釈学に遊びを許さない。今日の状態を目にしてさえ、鏡としての機能は跡づけることが可能である。強い照明が来訪者に当てられなくても、それは主玄関の扉の平面に今なお少なくとも輪郭ぐらいは映しだすのだ。正面から撮った写真は下段の上半分の真ん中に一種の暗い梁のような影を示しており、これは獅子の頭が付けられた面の下辺の上にまで伸びている（図64）。ブロンズのフィールドにこのように散漫に映しだされているのは、カメラマンの体なのである。段々上へ移るとそういう鏡映が無理なポジションになるので、こうした暗い平面は消滅するのである（図65）。

　カロリング朝の鏡制作の技術については情報がないが、その高い価値およびシンボリックな意味のヴァリエーションを、図版とテキストが証言している[20]。目覚ましい一つの例が、通称ドロゴ祈祷書にある。カール大帝の庶子であるドロゴ Drogo がメッツの大司教としてこれを制作注文した。装飾写本の一つに、

図62　主玄関、通称オオカミ扉の左翼、細部、
　　　アーヘン、大聖堂

図63　丸型鏡、ブロンズ、
　　　エトルリア製

V. 鏡面化　　109

図64　主玄関、通称オオカミ扉の　　　　図65　同、観察者の位置を少し
　　右翼、細部、アーヘン、大聖堂　　　　　　ずらしてある

　十字架に架けられたお方の右隣りに座る人物が、鏡と解されるような拵えもの
を手にしている（図66）。鏡を用いる者は直接に真理に至ることはできないと
は、ニコデムスの言葉とされる。パウロのコリント人の手紙と関わって、鏡が
メディアとして呼びかけられている。神の真理がただ朧朧とフィルター越しに
であれ認め得るのが、鏡なのである[21]。

　カロリング朝に用いられた鏡はしかしながら極めて高い性能を持っていたの
で、パウロの手紙とは異なり、明証性の隠喩の方に力を発揮している。ヴァラ
フリド・ストラボが『ヴェッティヌスの幻視 Visio Wettini』の序文に、彼がそ
のヴィジョンを描くところの亡くなったヴェッティヌスについて回顧すると、

彼のことをまるで「鏡(スペクルム)」を見るごとくに近々と感じるのだというとき、まるっきりコリント人の手紙はお呼びでなかった。ヴァラフリドにとって鏡はむしろ明証性の器械である[22]。同じことがアルクイヌスにも当てはまる、人間は聖なる書において「あたかも鏡におけるごとく」自分を認識できるのであると[23]。

　九世紀初頭に作られたシュトゥットガルト詩篇はこの意味でキリスト誘惑の場面を含んでいて、そこでは右側に侍る二人の天使のうちのひとりが明るい円形を捧げ持っている（図67）。丘のふもとの対面には、世俗の物品が描かれ、これによってキリストを誘惑しようというのだが、それとは好対照をなしているわけだ。その恭しさを望まれる貴重な品ゆえに天使は素手ではさわらぬようにしながら捧げ持つのである。それは右端が濁っているところからすると陰りを示しているかもしれないので、真の世界をシンボル化するグローブスであるかもしれない。他方、光は明らかに右側から来ているので、こうした陰りは反対側に予定されるはずだが、それに加えて、右端の暗い鎌形は鋭い形をしているので、むしろ高く組まれた懸架台の影を思うべきか、たとえばホスチアの皿とか、また鏡とか、それに影を落としているというふうに。もっとも説得的なのは鏡という解釈で、これを使えば天の徳が、悪魔の目の眩む装飾品と贅を凝らした財産宝物を照射するのであると[24]。

　鏡がどれほどしばしばメタファとして使われたか、王侯の鑑(かがみ)という伝統もまた傍証となるだろう、これは支配者に、何が王の権利で、しかしまた成功する統治のためには何が義務であるのかを、書籍の形で差し示そうとするものだった。この種の一番早い時期の文章のひとつ

図66　磔刑図、本のイラスト、ca.820-830.

V. 鏡面化　111

図67　キリストの誘惑、本のイラスト、シュトゥットガルト詩篇

『王のための指南書』は、皇帝ルートヴィヒの側近の郎党ヨナス・フォン・オルレアンの著わしたもので、こう希望を述べている、王は、本書にて「言うなれば鏡の如くに己の姿を照らし見んことを」[25]。

アーヘンの扉はそのあらゆる文字記号と装飾を省かれた平面によって、鏡のメタファが何に関わるものかを眼前に映し出して見せるのだ。新しく来訪した者が眼前にしたのは、自分の鏡影を映し込む地としての扉である。八世紀由来のアイルランドのフルダ産カドマグ Cadmug 福音書のフォリオには、通常のような丸型ではなく四角形をした反射面を使うそのような鏡映がいかに考えられたのか、少なくとも比喩的に跡づけることが可能なのだ。羊皮紙の地には枠がくっきりと描かれて、その枠に囲まれて福音史家の一人が姿を見せている（図68）。肩に落ちる長髪は彼が歴史上の初期の人物であることを示しているが、当然あるはずの聖なる光輪が髪によって置き換えてあるので、その存在がリアルに現前する人物として顕彰されている。こうしたリアルなものの混入に対して、菫色の眼はエナメル製のようで、衣の金色の縞は布地というよりメタリックに見える。この姿は天国にいる聖者とリアルな地上の人物のイメージとして

図68 カドマグ福音書、書籍内絵画、羊皮紙、アイルランド、8世紀

変容のエッセンスを具えている。すなわちマタイの複合「イマーゴ」であり、左上、枠下に付記されたごとくである。下枠からはみ出たいわゆる「ぶら下がり足」は、これまで説明がなく、隔靴掻痒である[26]。それがアーヘンの扉が代表しているような鏡映の延長を描いているとなれば、意義ある決着ではないだろうか。これへの反論は、同様の大きさの鏡はこの装飾写本の時代には存在しなかったというものだ[27]。加えて、右手は体の右側に映るはずだから、手はリアルな鏡像になっていないという。にもかかわらずマタイの姿は絵による思考ゲームなのであって、のちにアーヘンの扉が受け継ぐ方向性を指し示しているというのは可能である。

　扉は 鏡(スペクラ) として転用されるときにはその前に立つ者を、写本挿図の福音史家と同じような状態に置いたのである。ところが扉に装着された獅子の頭が、鏡面から浮き出している。見る者が投影平面に自分を影像として明瞭に見出すほどに、自分が現前していることが獣の頭部もそこに生きてあることを請け合うのである。鏡から能動的に出迎えてくる反映要素、介在するもの(インターメディアール)は、それゆえただ演繹された副次的メディアとしてのプラトンの 鏡(スペクルム) 批判とは基本的に異なる[28]。獅子の頭は鏡からは浮き出しているのに鏡に所属するものなので、鏡現実態(エネルギー)の客体化されたものとして、見る者の対極を形成するのであり、見る者は鏡像世界へと入り込む、と同時に自分は自分のままにとどまるのである[29]。

　扉がどのような周期で開閉したのか、知られていない。カール扉の本来の取り付け方からすると、獅子の頭は礼拝堂の方向に向いていたので、それはミサ

やその他の祭事の間は閉じられていた。この状態のときには平坦に磨き上げられた扉の鏡効果は礼拝堂に集うすべての人々におよんだ。すなわちドームの聖職者、宮廷の一同、年ごとの集会の参加者、神事に加わるすべての人たち一般。こうした芸術工学的驚異の仕掛けに圧倒され、場合によっては松明によっていや増す照明の威力に促され、共同体の紐帯は鏡映によってなおも固く結び直されたのである。扉が開く、ドームの内部はそれが持つ黄金の煌めきを解き放った、そう同時代の報告にある。

外からドームの内部へと導く主玄関は、獅子の頭を同じく外へと向けているので、特別の地位を占めたのは間違いない。その使われ方は知られていなくとも、その造作といい懸架装置といい膨大な費用がかかっているのだから、万が一にもその可動力が儀礼のために使われなかったとしたら、画竜点睛を欠くというものだろう。扉は最初は閉まっている、それから儀礼になると開く、そのたびごとに絶好の状況が出現するのだ。この演出はただ稀にしか、たとえば高位高官の謁見の儀式とかそういう場合にしか、実現されなかっただろうが[30]。

そのような瞬間である、普通なら参加可能な状況が非常事態へとエスカレートする。ノートケル・バルブルスは、ビザンチン帝国大使をフランク国宮廷に迎えたときのこういう成り行きを報告している。大使たちは皇帝の威光の前にすっかり恐れ入っていた。「名声の誉れ高い皇帝が明るい窓を背後に、昇る陽の如くに光を放射させながら、金銀輝石をまとって立っているのである」[31]。謁見が進むうちにようよう影のような曖昧な姿が浮かび上がってくる[32]、皇帝が光輪のようにまとった散光は、アーヘン・ドームの主玄関が発したはずの効果に一致するものである。状況と儀礼演出が特別に重なれば、通常の建築要素も、窓がそうではないか、オーラが立ち上る規模へと急転することが可能なのだ。

光の特殊効果が祈祷の雰囲気作りにも共に働くのであって、フランク国の戴冠儀礼で朗誦される祈祷にこうある、「何ものにも害されぬ平和が王の御代に行われよ、王宮の栄耀栄華が王権の至高の輝きによってあらゆる者の眼を晦ますほどに輝けよかし、同様、明々たる明かりと燦々と注ぐ光によって、目にも

しろきものとなれ」[33]。アーヘン・ドームのブロンズ扉はこうした放射思想の恒久装置のように働くのだ。枠に囲まれた鏡の平面は、戴冠儀式が強調したような光の奔流としての一部を担ったのだろう。映し出されたものはここでは「燦々と注ぐ光」のさなかに浮上する、それに続いて扉が開けば、自身を映しだす光に満たされた者は、いわば充電されたペルソナとして、ドームの中へ足を踏み入れることになっただろう。

3. 反映(リフレクシオン)の世界

　鏡についての省察(リフレクシオン)、および道具としてはどのくらい有用なのか、また認識をもたらしてくれる能力としてはどのくらいの評価になるのかについての省察は伝えられてはいないが、そのような鏡を考察するときの条件であるフレームは、ヨハネス・スコトゥス・エリウゲナの哲学的神学を経て解き明かすことができる。

　9世紀初頭生まれのエリウゲナは、まだカール大帝の時代に重なっており、カール禿頭王の宮廷神学者として初期カロリング朝伝統を中心に主導的地位を占めた。彼の見方、考え方はディオニュシウス・アレオパギタの著書に影響を受け、これをギリシア語からラテン語へ翻訳することによって再評価を果たした[34]。この業績はしかし決定打ではなかった。むしろエリウゲナは片々と伝承されたネオ・プラトニズム——すなわち形を顕した物質を派生的二次形態としてではなく超越の一次媒介と見なす考え方——の端緒を受け継いだのである[35]。ここに働いているアンチ二項定立は、物質を否定するのではない、超現実的とはいわなくともパラドックスふうの出来事として想定された[36]。

　エリウゲナは自然哲学の大作『自然について (Periphyseon)』のなかで霊魂と物質とを和解させようとするのみならず、両者が相互に規制される交替ゲームへ持ち込もうと試みる。彼の輻輳した熟慮、その道筋はドイツ観念論とゲオルク・ヴィルヘルム・ヘーゲルの哲学にまで追跡できるが、とりわけ目覚まし

いのは堕罪(ズュンデンファル)の例である。エリウゲナはこう告げている、「人間をパラダイスから追放する際に、実際に罰する正義よりは神の温情の方が働いたのである。というのも創造主は己の似姿(人間、H.B.)を厳しく裁くことを望みたまわず、これを改めさせ、多くの知を執行せしめ、英知を注いで恩恵に浴せしめ、啓明し、追放された生命の木へと立ち戻らせ、死ぬのではなく永遠に生きるためにこれを食するにふさわしくしようというのだ」[37]。このように罰を恩寵へ、万死に値する堕落を英知獲得の生命へと転ずるのだから、被造世界は決して死の衣裳ではない、生命を請け合う認識の光を灯す器官(オルガン)なのだった。しかし、だから感覚は道案内の器官であり、認識を介してパラダイスへ復帰させることができるのである。

エリウゲナが内的運動を〈感官によって感受する自然と魂の間の緊張反応〉と理解するのは、ニコラウス・フォン・キュースの神学とゴットフリート・ヴィルヘルム・ライプニッツの哲学の先駆けを思わせる[38]。彼の力点は、絶えず新たな変種を生み出しながら霊魂と被造世界の間の距離を測り続け、両者の大きさを相互照射することにある。相互に作用を及ぼし合うこの思考テクニックは、外的共鳴媒体が不可欠の存在であることを様々なレベルで展開してくれる。

『自然について(ペリフュセオン)』の結びは、概念と記号の差異を撤廃する。「モノの概念はまことにモノそのものである」[39]。ここに見据えられたのはスピノザの命題「神即自然(デス・セウ・ナトゥラ)」に通じる汎神論である[40]。それに対してエリウゲナの原罪後(ポストラプサル)の現存在解釈は、被造世界の外形が知の渇きに共振する器官(シュヴィングングスオルガン)であると定義しようという試みであり、楽園追放を恩寵へと羽化させるものこそ、この知の渇きなのである[41]。

形と成ったものはたんなる観念の産物以上のものだということは、芸術においてこそ最もよく看て取ることができる。「いかに多様な規則が芸術家の芸術に一体となっているか」が形において認められるのなら、この観念が共に働いているということは形のうちに顕れるということなのだ[42]。この思考は中世美

学の根底をなしている[43]。

　第二の鍵はエリウゲナのヨハネ福音書序文への対決にある。そこで彼は驚くべき命題をキリストに告げる、「わたしを認めるのはあなたではない、わたしが自分自身をあなたにおいてわが霊魂を介して認めるのだ」[44]。キリストの相手は、世界の序列をそのエレメント相互の揺すぶりへと橋渡すこの格言によって、副次的誘導体という役割から解放されたのである。ここには見かけ上の対置を自己認識の前提とし、それによってアクティヴな体勢へと橋渡す者がいる、これが認識する者なのだ。

　エリウゲナにとって創造は、つまり芸術もまた、光と結びついている。870年に起草された詩はアーヘン大聖堂(ミュンスター)の体験を、カール禿頭王によって建てられた落成直前のコンピエーニュのマリア教会へと転用したものであるが、そこでは建築およびその建築の装飾を、「精神に肉薄する官能」において頂点に達する自己認識のメディアであると解した[45]。あらたに開かれんとする教会の印象には、アーヘン・ドームの経験が混ざり込む。外部建築、窓、内部空間の生彩ある描写のあとで、エリウゲナは「光に満ち満ちたランプ」と、高く掲げられた王冠を述べ進み、その引用を言葉にまとめるのだ。「すべては宝石を透過して光を放ち、黄金によって煌くのである」[46]。

　実体験がこの韻文を解き放ったのであり、その奔流にアーヘン・ドームのブロンズ扉も巻き込まれたことがあったに違いない。サン・ドニのブロンズ扉にいわばゴシック建築芸術の礎石の碑文と見なしうる献呈詩をサン・ドニ大修道院長シュジェール Suger に書くよう促したのが、エリウゲナのテキストだったのも故なしとしない[47]。その反射機能のおかげでアーヘンの扉はただ受動的な平面であるにとどまらず、むしろ扉が映し返したのは、見る者が仮象のうちにたんに二重になる以上のことだった。キリストが人間について言うのと同じことを、人間は鏡について行なう。人間は鏡を認識しないが、自分自身を理解する可能性を人間に与えるのは、この魂の入った媒体、鏡を介してである。

　エリウゲナがディオニューシウス・アレオパギタの著作をこれほど熱心に研

究したのは、すでに800年頃にはその本文理解のための体勢を整えていた思考運動が、前もって彼に影響を与えていたからなのだろう。この意味で彼の省察はブロンズ扉への回路を提示するばかりか、身体と形態に関わるあらゆる種類の形象政治を提供するのであり、カール大帝が施行したのもこの形象政治なのだ。アーヘン大聖堂(ミュンスター)のブロンズ扉は、カール大帝のこのような身体政治と芸術政治のミクロコスモスである[48]。扉はその磨き抜かれた形態によって重量感のある物性を表すが、反映が不安定で本体(ピュシス)の方が消滅してしまい、その不安定状態のまま基本の平面(グルントエーベネ)は両側へと開き、奥へ、あるいは見る者の方へと動くことができる[49]。ブロンズが光の水に浸された金地にも等しい鏡の性質を帯びるのは、材質と反映の交互作用のおかげであった[50]。金やブロンズといったメタルは、これと定めがたいものの持つ活力を見る者に突きつける材質であり、羊皮紙にも似ている、というのも絵の具の乗りがいい装飾写本(イルミナツィオン)のような背景地の役目を羊皮紙は果たさないからである[51]。地(グルント)はここでは扉なのだから「可動性の地」である[52]。透明画(ディアファニー)（訳注：窓ガラスに貼って楽しむ透し絵）は材質そのもののなせる業である。それは地を媒介するメディウムと定義できるものではない、それ自体、地という〈超実体(メタビュシス)の〉〈実体(ピュシス)〉なのである[53]。

　アーヘンの扉が猛獣の頭部によって生き生きと(アド・ヴィヴム)芸術の領域で実践していることは、飼い馴らした猛獣という生身の形象を使って動物園が具体的に(アド・コルポレム)見せてくれるものに等しい。両者の間を液体(フルイート)が満たす、そしてそれは前も後ろも浸してくる。主玄関の前でカール大帝が自身のぼんやりした鏡像と対峙する、するとその鏡像は光の流体(フルクスス)に浮かび上がるのだ、さながら泳者が水に浮かび上がる如くに。

　すでにふれたようにカール大帝時代に盛名高かったアウソニウスのモーゼル川賛歌では、光と水の共演は一対で名指される。最初に詩人は水晶のごとくに明澄な水面に映える漁夫の鏡像に呼びかける。太陽がボートに「ヒューペリオンの灼熱をもって降り注ぐとき／それは逆さまに登場する肉体の影を痙攣的に投げ返す／そうしてそれが右に左に素早く激しく動き／オールを交互に漕ぎな

がら重心を、あちら、こちらと移し／波は他の舟を、水の影像を、押し戻す。／若い水夫も自らの影像を喜びつ／水中の幻惑的姿が押し戻されていくのをいぶかしむ」[54]。

水の面に映して自らを失うというナルチスの原像は、アウソニウスの詩においてその悲劇的側面から解放される[55]。それに応じて以下の詩行は、眺める喜びにも自己喪失にも至る銅鏡の描写へと飛躍していく。「楽しめよ —— 乳母が愛しい養い娘に初めて／四方へ光を放つ華麗な鏡を試しにと手渡すや、清らに纏めた髪をためつすがめつ —— うら若きその娘はまだ知り染めぬ遊びを悦び／生身の姉妹の姿を目にしているのだと信じる。／彼女は耀く金属に接吻をするのだが、金属は応えることがない／あるいはピンで髪をほぐし、また額の際の／巻き毛を指で撫でつけようとする」[56]。アウソニウスは最後にモーゼル川の漁師の鏡像にカットバックする。「かくまでに鏡像と戯れて舟の若者たちは／真実と偽りの二重の作りものを楽しむのである」[57]。この結びとともに、水面の鏡像の感覚刺激は金属の鏡同様、反省／反映(リフレクシオン)に至るのだと、くりかえして強調される。ナルチスによる肉体と胸像の代理的取り違えは自身の没落に至るのに対し、アウソニウスの叙事詩の主人公たちは反映の華やぎを繰り広げるのである。

アウソニウスが鏡のために高らかに歌ったことは、なおのことアーヘン大聖堂のブロンズ扉に当てはまると言ってよろしかろう。ブロンズ扉はその鏡映性格のおかげで流体となり、水の表面に近似する。カール大帝は、水中を、光の中のように泳ぐ。両エレメントは、有機物と無機物の境界を越えて、生体の連続を構築する両極となるのである。

結　び

流体、水と光の

　本論考の出発点だったアビイ・ヴァールブルクのムネーモシュネー図版は（図4）、あらゆる生命圏に対する身体の見せびらかし、つまり政治的なものの見せびらかしから生じるテーマをまとめている。パーシイ・アーネスト・シュラム（1894-1970　ドイツの中世史家）の歴史学もまた様々に、こうした立論を形成できた研究者の一群のおかげを蒙っている。

　1951年のシュラムの論文には、ワイマール共和国においてあれほど稔り豊かだったヴァールブルク文化学蔵書館との共同作業が少なくともまだ方法論的には感じ取ることができる[1]。カール大帝を視野に入れた歴史学界誌においては〈国家記号学〉の諸要素の組み合わせを展開しており、この国家記号学はいかなるシステマチックな性格も求めず、方法論的にも多面に有用であったので、今日までスタンダードとしての力を維持している。シュラムが数え上げているのは以下のようなものだった。王権標章や衣裳、玉座、肩書、名誉称号、証書作成、組み文字（モノグラム）、印章、金印封書、コイン、肖像、芸術作品、戴冠や葬式の儀式典礼、祈祷、賛辞、身振り、武器装飾、王の正餐の形式[2]。

　シュラムの基本テーゼによれば、より適切な方法を使って接近するなら、国家記号学の絵的因子には文献よりも安定してより確実な歴史的内容が具わっている。書字による公示や手紙は、おおかた関心どおりのスナップ写真なのであり、「それに比して〈国家記号学〉によるなら、目先のことと個人的な事情の残滓が削ぎ落される」[3]。

　ここに看て取れる試みは、ヴァールブルク学派の伝統を史学の方法論へと受

容することによって、別の可能性、あるいはマルク・ブロックを領袖とするフランスのアナル学派と少なくとも並び立つ可能性を形成しようというもので[4]、分かり易く、かつ歓迎すべきものである。主観的テクストを一方に、確固とした客観的現実を他方に対置することは、両者を不稔に終わらせる誤った二者択一をこの世に送り出した。とりわけ「国家記号学」に数え上げられた要素は〈確実な手掛かり〉を約束する歴史的客観資料へと整理された挙句、あらゆる形象的提示も累加的並列法に入れられてしまった[5]。モチーフはモチーフに並ぶばかり、互いに浸潤しあう諸要素の融解には皆目アンテナが働かない。

　さりながらカール大帝の例は、国家記号学がもともと流体であることを示している。その体系は大帝の泳ぐ身体に始まる、これによって水は記号学を構成する四大エレメントのひとつになるのである。ここにカール大帝の統治形態の構造要素がある。その統治術の驚異は安定性にあるが、いかなるときにも安定を狙ったものではなかった。彼の支配する空間が帝　国(インペリウム)と言われたのは当たり前、とはいえこの用語にまつわる政治概念と行政機構とをほしいままにするわけではなかった。カロリング朝支配は伝統破りから生まれ、自分の正統性を絶えず更新することを頼りとし、持続的な平衡(バランス)運動を拠り所としていた。移住と定住の連続、夏の戦争と冬の宿営の連続、遠心的解体と求心的凝固の永遠の調整、これらが壮大な領地の統括のために絶えず新たな統一運動を要求した。カール大帝は、永遠の不安定——ラバヌス・マウルスが受け継いだセネカの〈生々流転〉(ニヒル・フィルムム)——を永遠に続く変化の静力学へと電極変換を行なった[6]。永遠の可変性が彼のスタイルの安定性であり、こういうことが身体から発する形象世界のうちに、彼の表現様式と行動様式になるのである。先ず泳ぐ君主、そうしてみずから梳(くしけず)る支配者へ、動物を支配し自然を治めることのあらゆる様態、工人の手技による生体とまごうあらゆる運動、こうした変容を見せながら、遂には光の洪水に至る、ここにはひとつの流れが貫いているが、スタイルとしては変化はほとんどない。あらゆる局面に潜在的に働いているのが、水に発するこの諸運動と変容の力であり、こうした生命を得ていく姿である[7]。

結 び　121

図69　ゴデスカルク福音書の本文冒頭ペリコーペ Mt.I,
　　　18-21、781年誕生

　湯治場の図（図30）に続くゴデスカルク福音書の挿画こそ、この流れの秀逸な展開である（図69）。それは左面に記入された段落先頭文字(イニシャル)〈IN〉と右面の導入のフレーズ〈IN ILLO TEMPO（往時）〉にもとづいて冒頭ペリコーペ Mt.I, 18-21〈マリア、彼の御母がヨゼフと結婚したおり CVM ESSET DESONSATA MATER EIVS MRIA JOSEPH〉を表わしている。直角に縁取られた書字は華

麗な装飾と結託している。文字は金色と、今では黒く酸化した銀色で施され、赤金の地は、羊皮紙を泳ぐように浮かび上がる。

彩色装飾本の最後に付された献呈詩はこの色彩遊戯の解釈を、こう歌っている。「黄金の文字は深紅の頁に描かれる。それは神のバラ色の血によって開示された天国と星のまたたく天球の輝く喜びの啓示であり、神の言葉は厳かな輝きを放って永遠の生の輝かしい報償を約束する」[8]。金色と銀色は、続く詩句によれば、処女性と結婚という両原則を、すなわちカール大帝とその妃ヒルデガルトを示している。あとの詩句が触れるごとく、ふたりが本書の注文主であった。最終的にこの詩句は光の隠喩学へと注ぎ込む。光は文字と結びついていたのだ。聖なる書字のテクストは本章冒頭に曰く「貴重なるメタルをもって描かれ」、「光の注ぎ込む帝国の輝く大会堂へと」連なっていくのである[9]。ここではっきりと名指されているのは金属の目眩む光である、アーヘン大聖堂のブロンズ扉の意味を刻々変化させているのが、この光である。まさにブロンズの力にふさわしいことではないか。

献呈詩の第二部は本質的にカール大帝と教皇ハドリアヌスの賛美からなり、教皇はかつて父ピピンを「洗礼盤で再生し、聖水で清め、白い衣でくるみ、水から」取り上げたのであった[10]。

アルクイヌスもノートケル・バルブルスもアーヘン浴場とつながる名前であるが、そこには洗礼というライト・モチーフが響いていることは、すでに申し上げたことである。アーヘンの浴場にて泳ぐことと身を漱ぐことは、水のカロリング朝文化にあって特別の象徴価値から湧き出る浄化性格を帯びる[11]。身体の全てを利用したキリスト教化の実践によっても水浴と洗礼の関係は今日の目にそう見えるよりずっと明瞭である。水をくぐるということは清祓として実践されるのであり、それはかつて力に溢れていたが老人となってしまった最初の男(アダム)の積年の悪を溺れさせるのだと、象徴的には考えられていた。悪魔に汚染した身体を溺れさせることと新しく浄化された肉体によって水泳することとの間にある身体的照応関係は、後世においては水が注がれるのは唯一受洗者の頭だけ

という潜在化してしまった儀式に認められるよりも、はるかに強固にカロリング朝洗礼形式に組み込まれたものだった[12]。

ゴデスカルク福音書の完成は、本文と図版の校閲を担ったアーヘン宮廷派の劈頭を飾るのだが、この福音書は光と水に両極を定め、その両極の間で、いわばずぶ濡れの羊皮紙、色、メタリックな文字、光へと〈海進〉(トランスグレッシオン)する文字、これらの〈流出〉(エマナツィオン)が起こる。液体性格を具えた彩色写本の描写手段は、異なるメディアが互いに浸潤し合う卓越した例となるのだ。

＊＊＊

カール大帝は図式的イメージを巧みに利用して、そこから様々な行為を生み出したが、本来それは形象による共同体創設の、身体に関わる諸様態を形成するのである。哲学者アルフレッド・ノース・ホワイトヘッドは彼のプラグマティズムの中心にこれを置いている。それは一先ず身体および記号に関わる象徴であって、たとえばカール大帝の水泳のようなシンプルな性質のものである。それは儀式化した水泳行事となって力を持ち続け、意味喪失に陥らぬよう自分を守ろうとするばかりか、自分なりにさらなるシンボル化を計って、シンボル化されたものの意味を格上げし、そうして周りの世界に対して距離をとるよう内的結束を共同体に促すのである。ホワイトヘッドは極端な例として兵士たちのふるまいを挙げている、それは自動的に進行する活動の訓練の後で、たとえば旗や歌によってこうした経過をいかなる時点でも疑うことのない状態にしておくのである。こうしたシンボルによる強制なしに暴力だけで共同体を維持することは不可能なのだ[13]。

カール大帝の統治形態は、共同体の礎石をこのようなシンボルの上に置くという基本的例証である。その泳ぐ身体から整髪と衣裳を経て、獣世界にまで達し、そこから象牙、メタル、石の世界へと連なっていく、このような形象行為によって、支配権のシンボル化が拡張していく、これが彼の帝国の拡張更新を

貫徹させ、到達したものをなんといっても維持し続けることができるためのこれが前提であった。

こうしたすべての始まりが水泳だった。毛沢東とカール大帝の並置が許されるのは、時代の転換とか行動の様式に添って計っているからではなく、これ見よがしの泳者としての共通の存在感が彼らを相互に照応する偉人となしているからでもない。とはいえ両者を結びつけると、水泳を統治術の寓喩であり手段であると見なしている彼らであることが分かる。この理由から本書では生真面目に受け取り、問を発してみた、この総体は何を水へと媒介するのか、何を超越するのか。

ほとんどどんな国家論者もカール・シュミットほど水をシンボル要素として徹底的に映し出した者はいないだろう。果たして彼の物語『陸と海と』は波についてのささやかな図像学である[14]。シュミットは1984年にこう発言している、「一次大戦後、私は〈権力者は非常事態について断を下す者のことだ〉と言った。二次大戦後、わが死に直面して、今やこう言うのだ〈権力者とは波を定義する者である〉と」[15]。シュミットの念頭にあったのは、帆走し、海を支配する〈海の泡の子（海賊）〉のみならず、電子メディアのことだった。波には二重の意味がある、水の運動とメディアの震動、それがエレクトロニクスによって初めて世界に生まれたのではないということは、泳ぐ君主（スヴェレーン）カール大帝を見れば分かることだろう。

謝　　辞

　まず真っ先にシュテファン・トルンクスに感謝を捧げたい。フンボルト大学で幾度も開催した共同ゼミにおいて初期中世の芸術について本書に記した多くの考察を展開することができたのは、彼のおかげである。彼には全文を通読し、校正し、沢山の刺激をもらった。ヤン・クンツェクからも沢山の助言をもらった、モヌメンタ・ゲルマニカエ・ヒストリアでの協働の経験をもって、注釈と文献リストに良心的に従事してもらっただけでなく、本文も検証して内容を厳格に精査してくれた。同様に全文を通読してもらったバルバラ・シュリーベンとフランク・ポールの助言もまた、稗益(ひえき)するところ大であった。ヘルベルト・ベックも同様であり、全体についての本質的熟慮は彼のおかげである。

　組織化、文献調奪、構成、図版の著作権と組織化、人名索引の作成、ヴァラフリド・ストラボの歌謡と本文への目通しを含む付録作成といった根気を要する仕事を成し遂げてくれたのは、クリスティーナ・クラウゼン、トマス・ヘルビヒ、レーヴァ・コクス、アネット・ラーデガスト、シュテファニー・マイスガイアー、コーリャ・トゥルナー、ティルマン・シューテーガー、トビアス・ヴァイスマン、ラウラ・ヴィンディッシュである。

　ありがたい指摘をいただいたのは、クラウス・ベルクゴルト、カールステン・ダーメン、カールステン・フィッシャー、ゲルト・ギースラー、ヨハネス・ヘルムラート、ステフェン・ホルムズ、ベルンハルト・ユッセン、ヘルベルト・L. ケッスラー、ミヒャエル・リントナー、アレクサンダー＆クリストフ・マルクシース、ヨハネス・フォン・ミュラー、アダム・C. エラー、フェルディナント・オプル、エリク・パラッツォ、カール・ルドルフ、トゥリオ・ヴィオラ、インゲボルク・ヴァルター、マティアス・ヴェムホフ。

SFB 古代 Transformation（フンボルト大学）、形象行為研究グループ、カール大帝展覧会参与会員（ベルリン、ドイツ歴史博物館、フランクフルト・アム・マイン、歴史博物館）にも貴重なご意見に感謝。

ヴァーゲンバッハ出版社には熱意を持って心をこめて本書作成に当たっていただいた。

皆様に心よりの感謝を。

作者不詳：カール大帝モノグラム付きデナール金貨を掲げる男、AD. 794年
コインはカール大帝の、王および皇帝としての正統性を演出する（6頁）

サレフ川に溺れるバルバロッサ、1196年
左側から迫る軍隊の先頭は皇帝その人で、馬もろとも流れの中へと転落している。天使が一人、むつきにくるまれた死者の魂を天へと届け、天では神の手が魂を受け取っている(22頁)

ゴデスカルク福音書、781年制作、fol.3v：温泉
2羽の孔雀を筆頭に、きちんと描き分けられた鳥たちに草花、ガゼルがパラダイス気分を盛り上げていて、ヴァラフリドがアーヘンの野生園を眺めながら、ときに感じたものもまた、これである（58頁）

獅子殺しの図、絹織物、800年頃、クーア、聖堂宝物
男たちは膝を曲げて猛獣の背中を押さえ、頭部をぐっと引き寄せている（61頁）

メロヴィング王ヒルデリヒの印章指輪の摸刻（481-482）、17世紀中葉、ジャン・ジャック・シフレ（1588-1675）によるコピー
カットされていない頭髪が左右の肩に外巻きに束ねられている（47頁）

　カドリガ紋、ビザンツ、800年頃、柄模様絹織物、アーヘン、聖堂宝物
四頭立て馬車に乗った勝者と外側の馬にまたがったふたりの従者――鞭と栄誉の冠
を渡そうとしている――馬たちの前に豪気の象徴として金袋を空にしているその他
のふたりの従者、まわりを円形に囲むハート型装飾とアイベックスが装飾円同士の
間のフィールドを形成している（61頁）

バルベリーニ二つ折り彫板(ディプティヒョン)、象牙、6世紀後半
テオドリクス記念像にもとづいていると思われる（80頁）

カール大帝騎馬像、金箔の痕跡のあるブロンズ像、9世紀初頭、パリ、ルーヴル
カール大帝の彫像政治は、彫像が根本的に共同体を創出するという定義の上に成立していた（78頁）

獅子頭、フーベルトゥス礼拝堂のブロンズ扉
額(ひたい)は焔のようにもつれる鬣(たてがみ)に移行していく。これによって頭部は、放散する極形態(エネルゲイア)を与えられる（102頁）

アーヘンの牝熊、細部、ブロンズ、鋳造、彫像
首まわりの花冠(クランツ)はまるで幾何学紋様にまで抽象化されたかのような効果を発揮している（105頁）

通称オオカミ扉の左側の獅子頭、ロー・アングルで撮影、アーヘン、大聖堂

通称オオカミ扉の右側の獅子頭、主玄関、アーヘン、大聖堂
円型の縁取りというモチーフは、キリスト像と皇帝肖像に施された強張様式（105頁）

通称オオカミ扉獅子頭4分の3プロフィール、主玄関、アーヘン、大聖堂
口腔は口髭に囲まれ、まるでカール大帝のそれに似ている（106頁）

主玄関、通称オオカミ扉の左翼、細部、アーヘン、大聖堂
図像不在の様式であればこそ、強烈な図像性格を具える（107頁）

主玄関、通称オオカミ扉の右翼、細部、　　同、観察者の位置を少しずらしてある
アーヘン、大聖堂
現代でもカメラマンの影がぼんやり映るほどの反射力が確認される（108頁）

磔刑図、本のイラスト、
ca.820-830
キリストの右隣りに座る
人物が、鏡と覚しきもの
を携えている（109頁）

丸型鏡、ブロンズ、エトルリア製
ブロンズあるいは銀の表面は、鏡(スペクラ)として役立てられ、アーヘンの扉群もまた鏡の役目を計算されていたに違いない（107頁）

キリストの誘惑、本のイラスト、シュトゥットガルト詩篇
右側に侍る二人の天使のうちのひとりが、明るい円形を捧げ持っている（110頁）

カドマグ福音書、書籍内絵画、羊皮紙、アイルランド、8世紀
鏡像ふうの福音史家。枠からはみ出た「ぶら下がり足」がめずらしい（111頁）

ゴデスカルク福音書の本文冒頭ペリコーペ Mt.I,18-21、781年誕生
文字は金色と、今では黒く酸化した銀色で施され、赤金の地は、羊皮紙を泳ぐ
ように浮かび上がる（122頁）

お堀での水練、1480-1483

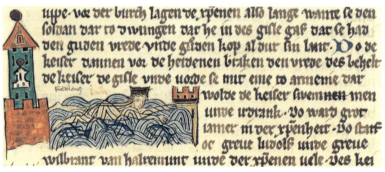

サレフ川でおぼれるバルバロッサ、ザクセン世界年代記、1280年頃

附 錄

原　　注

序

1. Tremp 2013, S.40. この姿は一部文字の形から構成されたので、書き手の描いたものであるだろう。このことは腰帯びから伸びて捩れるPとか、同様にそのPかしらから飛び出しているように見えるがっしりした顎とか、文字の大きさのヴァリエーションに応じた長さの違う両手とかに明瞭である。

2. Karl der Große 1965, Taf.29（Nr.284）; Kluge 2007, Nr.201, S.306/307.

3. こうしてCをギリシア文字と混同するのを避けようというのだろう（Garipzanov 2006, S.434）。

4. Kluge 2007, S.87, I.

5. 円周の刻印全体はこうなる：KAROLVS IMP[ERATOR] AVG[VSTVS] M. 末尾MはおそらくMainz（MOGONTIA）の頭文字だろう。

6. Kunst und Kultur der Karolingerzeit 1999, Bd.1 Nr.II.21, S.66; Imhoff und Winterer 2013, S.9; カール大帝の肖像コインについては以下を参照のこと：Coupland 2005, S.223-227, Kluge 2007, S.87f.

7. 古代概念ヨーロッパについてはMeier 2005, S.116, 中世のヨーロッパ概念についてはSchneidmüller 1997, S.6-10.

8. »Nunc igitur, domine mi rex, pro his modis beatitudinem nocte et die com omnibus exercitibus tuie da gloriam Deo regi regnorum et gratiarum acciones com omni / regno tuo: quod ipse te exaltativt in honorem glorie regni Europe« (Epistolae variorum, S.502, Z.1). この点及び以下のことについてはSchneidmüller 1997, S.10. を参照のこと。

9. »Europae venerandus apex« (Karolus magnus et Leo papa 1966, V.94, S.66/67); »pater Europe« (V.504, S.94/95); »Europae quo celsa pharus cum luce coruscat«(V.12, S.60/61). 以下を参照のこと：Erkens 1999, S.3; Latowsky 2013, S.56. 日付と著者の可能性についてはSchaller 1976, S.163-168.

10. 圧倒的言語メディアとしてのラテン語の再獲得なしには、そして古代文字の担い手の物的没落に直面して失われてしまった古代の知識なしには、文化持続体としての古代後ヨーロッパというものはありえなかっただろう。古代由来のものは、広く、カロリング朝時代に遂行された羊皮紙への古代テキスト転写のおかげである。これに関わるのがJohannes Friedの大作カール大帝伝記の徹底した考察である。これは本稿の完成後2013年9月に発表されたものである。ほんの数か所、注釈に加えることができただけである。本書の試みは、FriedがとくにP.375とP.404-406において詳説したような考察に始まる。

11. カール大帝受容に関する浩瀚な文献から代表を挙げておこう：Story 2005, 及びFried 2013, S.603-633.

12. Karl der Große 1965.

13. Ganshof 1965, S.7f.「ヨーロッパ」概念がカール大帝の時代にフランケンの国という表記と全ヨーロッパに及ぼうという

世俗的宗教的権力の結託の間で、振幅していることは、つとに知られている（Fischer 1957, S.78-88）。ヨーロッパ概念は中世においては文化的政治的空間の定義ではなく、むしろキリスト教圏総体であった。この方向での議論と却下については Erkens 1999, S.9.

14 Borgolte 2005; 同2006.

15 これについて初めての試みは：Drews 2009.

16 Bachrach 2002. バッハラッハによればとりわけザクセンの征服、くりかえし燃え上がる反乱の鎮圧の間に、残虐な特徴がみられる。775年に北フンブリッシュの史家の目からすると、彼は「火と剣もて怒り狂い」前進せり、「なんとなれば理性を失ったがゆえ」（»igne ferroque debacchans, quia erat consternatus animo« Ex vetustis Annalibus Nordhumbranis, S.155, Z.7)。こういう背景のもとにのちの証言では彼は「鉄の舌を持った伝道者」だった。先には控えめだったのだが（»Quem arbitror nostrum iure apostolum nominari; quibus ut ianuam fidei aperiret, ferrea quodammodo lingua praedicavit«) [Translatio S. Liborii, S.151, Z.20-22]; 以下を参照のこと：Becher 2013, S.329. しかしながら彼の態度はあらゆる参戦者によって遂行される戦争のやり方に対応しているのであり、782年の Capitulatio de partibus Saxoniae に布告されているような報復や過酷な罰則といった極端な形態は、反動的不満形成の結果である（Capitulatio de partibus Saxoniae. これについては近年の研究：Angenedt 2013, S.58及び Becher 2013; 以下を参照のこと：Credo 2013, Bd.II, Nr.362, S.421f. [Gerd Althoff])。それが改められたかど

うかは係争中（Hengst 2002, S.66f.)。

17 Alkuin, Epistolare, Nr.111, S.159-162; 以下を参照のこと；Angenendt 2013, S.61f. 及び Credo 2013, Bd.II, Nr.383, S.438f. (Lutz E. Von Padberg).

18 『リヴァイアサン』(1651)と『De Corpore』(1655) の両著作はひとまとまりである。これについては以下を参照のこと：Bredekamp 2012.

19 これはカール大帝時代に生まれた彩色本を建築にまで及ぼそうというのではない。これについてはついに包括的な書：Geschichte der bildenden Kunst in Deutschland 2009.

20 Kant, Kritik der reinen Vernunft, B.179, S.189. 以下を参照のこと：Adler 2010, S.129f.

21 これについては Maria Luisa Catoni が基本となる研究を提示している：Catoni 2005.

22 同上

23 以下の論集を参照のこと：Paragone als Mitstreit 2013.

24 身体図式による形象行為の影響については：Bredekamp 2010, S.101-169. この概念を使用してはいないが基本的文献としては、Althoff 2003, Macht, S.38-67; Althoff 2003, Herrschaft, S.274-297.

I. 毛沢東からフリードリヒ・バルバロッサまで

1 Warburg 2003, S.133. この図版については；Schoell-Glass 1998, S.233-243.

2 独訳は：Joachim Schickel (http://www.Lyrik.de/Scheck-Mao.html; Datum des Abrufs: 22.9.2013)。英語版は Zhisui 1994, S.167.

3 引用は Chang und Halliday 2007, S.524.

4 Zhisui 1994, S.157-168.
5 「毛沢東は水泳の流儀で中国を統治する」（Zhisui 1994, S.166)。
6 毛沢東の従容たる同志としてのStrongの役割については：Chang und Halliday 2007, S.439.
7 Strong und Keyssar 1985, S.493.
8 同上
9 引用はChang und Halliday 2007, S.671による。以下を参照のこと：Zhisui 1994, S.463.
10 Fairbank 1989, S.325.
11 Hudson 2012.
12 Bell 1999.
13 Ceccarelli 2012. 水中考古学者というウラジミール・プーチンの演出もまたこの伝統にある：潜水郷土史上の潜る発見者たる権力者、http://articles.philly.com/2011-10-06/news/302507951putin-dmitry-peskov-medvedev（2013年6月6日閲覧）
14 永遠に現前するゆえに現在となる時間において、そこに居合わせる出来事としてのスポーツという哲学については：Gumbrecht 2005参照。Ulrich Haltern が注目すべき著書『オバマの政治的身体』において展開しようと試みたテーマは、いかにこのコンセプトがアメリカの主権システムになじむものであるか。なかんずくオバマ大統領はその身振り、衣裳、泳ぐ人としての存在感といい、彼の演説や音声化が達成できるよりも強烈にアメリカのリヴァイアサンを束ねているのだと（Haltern 2009)。
15 泳ぐ人オバマ：同上、S.13. 1988年5月ライン河で泳いでみせた行為ほど、環境大臣Klaus Töpferを、有名にした出来事はなかった。しょっちゅうこの行為が引き合いに出されるので明らかに嫌気がさしたのだろう、のちに彼はあれは環境政策的意味があったのだと訂正している（Töpfer und Yogeshwar 2001, S.127f.)。しかし世論は今日に至るも川が化学物質に汚染されていないとか、あるいは汚染させません、という公約だったと理解している。
16 概観についてはDüffel 2003、18世紀についてはMallinckrodt 2008を参照のこと。
17 »A'tempi nostri in Italia, et Venetiani, et Genovesi portano la palma del notare, benché per tutti i liti maritimi, et presso a'fiumi ancora vi siano molte altre genti che fanno professione d'ugualiar cotesti« (Garzoni 1996, S.969).
18 Orme 1983, S.69-91. 113-207.
19 Wynmann 1538.
20 Gouédo-Thomas 1993, S.159f.
21 同上 S.159.
22 Patrucco 1972, S.353. Anm.4; Maniscalco 1995, S.14f. これにはさらなる例証あり。
23 Fol.8r.; 採図は以下による：Schacherl 1997, S.64.。Falkenbuchについては：Gouedo-Thomas 1993, S.159 (Paris, Bibl. Nat., fr.12400, fol.115v).
24 Petrus Alfonsi, Disciplina Clericalis, S.11, Z.8; vgl. Orme 1983, S.26-29; Uebach 2008, S.18.
25 14世紀の特別豪華本はこれを魅惑的な描写のうちに証言している：Petrus de Ebulo, De balneis puteolanis. 一般には以下を参照のこと：Le Terme Puteolane 1995.
26 Schramm 1975, S.77. 以下を参照のこと：Banaszkiewicz 2006, S.154.
27 »virivus suis et arte natandi confisus«

(Thietmar von Merseburg, Chronicon, Ⅲ, 22, S.110, Z.15 / S.111, Z.18f.).

28 »sumus iuxta mare in eo loco, ubi vos et palatinus balneastis« (Monumenta Germaniae Selecta, S.118).

29 »Hoc est dignius elementum« (Hampe 1905, S.530; vgl. S.513).

30 »cum in eadem manus sacras apponat libenter et de ipsa frigido gargarismo utatur« (同上., S.530; vgl. S.513).

31 »De cappellanis vero nostris eqvaliter ac piscibus aquam cerneres commoveri« (同上., S.529; vgl. S.512).

32 Laudage 2009, S.326f.; Gorich 2011, S.589-591. Görich 2011, S.589-591.

33 Zusammenstellung: Böhmer 2011, S.334-339.

34 »dar wolde de keiser swemmen unde irdrank« (Das Buch der Welt 2000, S.243).

35 両構造物の片方とアルメニアのものと同一であることについては:同上。

36 Orme 1983, S.24.

37 Eickhoff 1977, S.158f.

38 »Deo autem volente, ab homonibus suis subsidium habuit, et ad terram ad suos rediit« (Gisleberti Chronicon Hanoniense, S.566, Z.38f.). 以下を参照のこと:Bargmann 2010, S.228.

39 »Benedictus crucifixus Dei filius, quod aqua me suscipit, quae me regeneravit, et me martirem faciat, quae me fecit christianum!« (Annales Standenses auctore Alberto, S.351, Z.41f.). 以下を参照のこと:Bargmann 2010, S.231.

40 Petrus von Eboli, Liber ad Honorem Augusti, V.324-326, in: Pietro da Eboli 2000, S.122

41 Kraft 2006, S.188.

42 これら批判の声の集約は以下による:Görich 2011, S.591-594.

43 同上 S.187.

44 引用は以下による:Kawerau 1964, S.138f

45 Stephenson 2009, S.341, 357-360.

46 Cuffel 2009, S.171-175; 引用は S.171.

47 Hägermann 2003, S.159; Przybilski 2007, S.264f.

48 Das Rolandslied des Pfaffen Konrad, V.4335-4338, S.303. 以下を参照のこと:Brall-Tuchel 2011, S.116f.

49 Das Rolandslied des Pfaffen Konrad, V.4339, S.303.

50 同上 V.4364, S.305.

51 同上 V.5972-5974, S.411; Przybilski 2007, S.269.

52 Das Rolandslied des Pfaffen Konrad, V.7064, S.477; 以下を参照のこと:Kerth 1995, S.33.

53 死後に彼に与えられた»敬虔王«という称号を以下では使わないのは、それが父親よりももっと強く教会問題に関わっていて、フマニスム方面より神学的教養を強調するという印象を呼び起こすからである。しかしふたつながら正しくない。

54 Kunst und Kultur der Kaloringerzeit 1999, Bd.2, Nr.X.42, S.763-766, ここでは764f. を参照のこと。

Ⅱ. 泳ぐ

1 »Delectabatur etiam vaporibus aquarum naturaliter calentium, freqeunti natatu corpus exercens; cuius adeo peritus fuit, ut nullus ei iuste valeat anteferri. Ob hoc etiam Aquisgrani regiam exstruxit ibique extremis vitae annis usque ad obitum

perpetim habitavit. Et non solum filios ad balneum, verum optimates et amicos, aliquando etiam satellitum et custodum corporis tubam invitavit, ita ut nonumquam centum vel eo amplius homines una laverentur« (Einhardi Vita Karoli Magni, Kap.22, S.27, Z.10-21; Einhard 2010, S.44/45 [Evelyn Scherabon Firchow による独訳との相違は、optimates を「貴族」ではなく、より一般的な意味で「最良の面々」という意味での「Optimaten」と言い代えてあり、satellitum は「宮殿衛兵」と訳してある])。

2 この文章はこれまでほとんど注意を払われずにきた。それは Mueller, Ley, Pohle, Schaub 2003, S.64 にあっても同様である。本エッセイはアインハルトの発言がアーヘンのカール大帝（同上）というより「近年の頽廃した王の宮廷」を思い出させるという印象に異論を唱える試みである。つまりそれはこの基礎研究のための補足と解さるべきである。その例外は Falkenstein 1965, S.46, Nelson 2001, S.217f., Falkenstein 2002, S.145, 150f., Fried 2013, S.375f., 404-406.

3 828-829年という日付については以下を参照のこと：Tischler 2001, Teil 1, S.166-183, 231-233; Patzold 2011, S.46f., 51.

4 多くの不正確さと美化にもかかわらずアインハルトによる伝記は、800年頃の時代証言としては唯一である。アインハルトの表明と意図的評価については：Wolf 1997. しかしまたアインハルトによる人品描写もこうした批判的視点からなる（同上、S.320f.)

5 Hellmann 1961, S.210-212; 同：1997, S.151-153; Tischler 2001, Teil 1, S.193-197; Ganz 2005, S.45.

6 »Delectabatur etiam vaporibus aquarum naturaliter calentium, freqeunti natatu corpus exercens; cuius adeo peritus fuit, ut nullus ei iuste valeat anteferri.« (Einhardi Vita Karoli Magni, Kap.22, S.27, Z.13-15; Einhard 2010, S.44/45)

7 »cunctos humeris supereminet altis« (Karolus Magnus et Leo papa 1966, V.17.S.72/73).

8 »Ob hoc etiam Aquisgrani regiam exstruxit ibique extremis vitae annis usque ad obitum perpetim habitavit.« (Einhardi Vita Karoli Magni, Kap.22, S.27, Z.15-17; Einhard 2010, S.44/45). アーヘンがフランク国の中心地となったのは、カール大帝が熱狂的な泳者であったからというここにまとめた状況は様々に補強された。たとえば以下を参照のこと：Schnitzler 1950, S.V および Hägermann 2003 S.659f. これまで最も明快なのは：Kaemmerer, 1965, S.324-327.

9 Mehl 1927, S.80. 古代浴場一般については：Yegül 1992.

10 Heinrichs 2013, S.83; Köhler 2013, S.243f.

11 Schaub 2013, S.162-164.

12 Römisches Aachen 2013, Farbab. 11.

13 Köhler 2013, S.246.

14 同上、S.249.

15 Schaub 2013, S.164.

16 Schaub u.a.2011, S.332-341.

17 同上、S.422f.

18 »Nam cum apud Aquasgrani thermis nondum aedificatis caldi saluberrimique fontes ebullirent, iussit camerarium suum praevidere, si fontes purgati esssent« (Notker, Taten Karls, II, 15,

S.410/411, Z.15-17).

19 »ut cunctos illos fontes tabo et cruore abhominandaque pinguetudine deturparet. [...] Fac effluere infectam illam acquam, ut in ea quae pura manaverit sine mora lavari debeam« (ebenda., II, 15, S.410/411, Z.23-24, 25-27). 先例ととの結びつきについては：Angenendt 2013, S.53f.

20 »Hic alii thermes caldios reperire laorant, / Balnea sponte sua ferventia mole recludunt, / Marmoreis gradibus speciosa sedilia pangunt« (Karolus Magnus et Leo papa 1966, V.106-109, S.66/67; Cüppersによるもうひとつの独訳を参照のこと：1982, S.56 und Arnulf 2004, S.115).

21 Braunfels 1968, Abb.134, S.238. 以下も参照のこと：Cüppers 1982, S.59-70, Tafle 1.

22 Schaub 2013, S.164; Cüppers 1982, S.66; Clemens 2003, S.115f.

23 »Fons nimio bullentis aque fervere calore / non cessat; partes rivos deducit in omnes / Urbis« (Kaolus magnus et Leo papa 1966, V.109-111, S.66/67).

24 »specularia aubter / dant insignie nemus viridique volantia prato / Murmura rivorum« (Walahfrid Strabo, De Imagine Tetrici, S.374, V.117-119).

25 »fecit ibi calida, aqua frigida temperata, vel potius reparavit,quia iam ibi erant« (Alberich von Trois-Fontaines, S.718, Z.46f.).

26 »Et non solum filios ad balneum, verum optimates et amicos, aliquando etiam satellitum et custodum corporis turbam invitavt, ita ut nonnumquam centum vel eo amplius homines una lavarentur« (Einhardi Vita Karoli Magni, Kap.22, S.27, Z.17-21; Einhard 2010, S.44/45).

27 Hägermann 2003, S.644.

28 Einhardi Vita Karoli Magni, Kap.19, S.23-15; Einhard 2010, S.38/39, 40/41. 以下を参照のこと：Kasten 1997, S.242.
　　彼女はこうした育成の徹底性をそれほど深いものとは想定していない。

29 ウェゲティウスによれば、ローマの練兵場(マルスフェルト)はティヴェレ川近くにあって、部隊が訓練のあと、体から埃を洗い流し、同時に水につかって体力を回復しながら水練を実施することができたとある。この訓練は騎馬兵に劣らず歩兵にとって重要であった（Vegetius Renatus 1997, I, 10, S.44/45; Mehl 1931, col.849）．

30 Orme 1983, S.26-28.

31 本文は大部分ウェゲティウスの著作の抜粋からなり、いくらかの加筆で補われている。「今日では通用しない」個所については削除したとラバヌスは注釈を加えている »quae tempore moderno in usu non sunt« (Hrabanus Maurus, De Procinctu romanae Miliciae, S.450). それだけいっそう、彼が水泳についての一章を省かなかったのは注目に値する。ウェゲティウスと口をそろえてラバヌス・マウルスはティヴェレ川での水泳をローマでの新兵訓練と呼び、兵隊がこの折に汗と埃を流し、同時に遊びながら水泳を学ぶことができると述べている。このことは兵隊たちが橋のないところで流れを渡らなければならないようなことがくりかえし起こることからすれば、なおいっそう重要であると（同上, S.445f. 以下も参照のこと；Bachrach 2001, S.84-131. ラバヌスとウェゲティウスのテキスト比較については；S.257）．

32 Einhardi Vita Karoli Magni, Kap.19,

        S.24f.; Einhard 2010, S.40/41, 42/43.
33 Kasten 1997, S.215.
34 Einhardi Vita Karoli Magni, Kap. Einhard 2010, S.
35 »facie quidem pulcher, sed gibbo deformis« (Einhardi Vita Karoli Magni, Kap.20, S.25, Z.15; Einhard 2010, S.42/43).
36 事件全体については： Kasten 1997, S.139-151; Airie 2005, S.99f.
37 »adhuc pater eius iudicio contendere, in exercitu ambulare, populum iudicare, equum viriliter ascendere, arma sua vivaciter baiulare, non est surdus nec cesus« (Lex Baiwariorum, II, 9, S.303, Z.1f.). Vgl. Nelson 2002, S.277f.
38 Einhard Nr.11, S.114f. Vgl. Kasten 1997, S.228; Stratmann 1997, S.327.
39 同上
40 Kasten 1997, S.221.
41 Volkmann 1975, Sp.320-322.
42 Vgl. Werner 1965, S.92, 彼はこの概念を「ガリエンにおいてローマ人とゲルマン人の出自を持つ支配階級」の宮廷称号と解釈しており、より一般的な定義としては Olberg 1911, S.61, 188を参照。
43 国家組織に支えられた「帝国イデー」への異論は Fried 1982. 異論の総論は： Hechberger 2005, S.185-201.
44 Kasten 1997, S.178,; Hechberger 2005, S.201.
45 Fleckenstein 1965, S.29f.; Hartmann 2010, S.120f. Seyfarth は特異な意見で、先ず一般の、次に「オプティマトたちの小議会」といった帝国議会の訪問者たちにこの概念を当てはめている (Seyfarth 1910, S.26-34, 81-8)。
46 この役職については：Fleckenstein 1965, S.33.
47 Althoff 1990, S.86f., 96; Le Jan 2002, S.258f.
48 »coram amiis et ministris« (Einhardi Vita Karoli Magni, Kap.33, S.37, Z.21; Einhard 2010, S.60/61)
49 »per manus heredum et amicorum« (Einhardi Vita Karoli Magni, Kap.33, S.38, Z.22f.; Einhard 2010, S.62/63). Vgl. Althoff 1990, S.96
50 Einhardi Vita Karoli Magni, Kap.33, S.41, Z.1-11; Einhard 2010, S.66/67.
51 Fleckenstein 1965, S.43.
52 Innes 2005, S.85-87.
53 Fleckenstein 1965, S.35-37.
54 Alkuin, Epistolae, Nr.41, S.84f.; vgl. Fleckenstein 1965, S.44f.; Tischler 2001, Teil 1, S.217.
55 »De cuius numeri mira divisione et significatione olim me scripsisse memoro, dominoque meo David dixisse, calido caritatis corde, in fervente naturalis aquqe balneo« (Alquin, Epistolae, Nr.262, S.420, Z.9-11). Vgl. Nelson 2001, S.217. caritas を Freunschaft（友情）と独訳することについては：Althoff 1990, S.90.
56 Reudenbach 1999, S.296f.
57 ヒエロニムスにとってギリシアの海洋学者は総計153尾の異種の魚を特定したのだから、「人間の漁師」の網にキリストの命により捕えられた同数の魚は、人種総体と解することができよう (Hieronymus, col.474C)。Vgl. Nelson 2001, S.236, Anm.83 und Thyen 2005, S.785f., さらなる数字153解釈の可能性をあげると、たとえば12×12＋3×3の組み合わせ。
58 Nelson 2001, S.235.
59 Keefe 2002, Bd.I, S.4-6, 書簡 Nr.110に関しては；Alkuin, Epistolae, S.158, Z.15

-17, 22f. カールの「帝国ミッション」と長期にわたる影響に対する Alkuin の評については：Padberg 2002, S.128, 133-139, 143.

60 差異形態、組織形態についてもっとも包括的な研究をなした Hechberger 2005 にはこの概念は登場しない。Vlg. 異論は Bachrach 2001, S.68.

61 同上

62 Delbrück 1923, S.19.

63 Bachrach 2001, S.68.

64 諸例は：Mehl 1931, col.861。戦争中の水泳一般については：maniscalco 1995, S.11-16.

65 Suetonius 1997, Iulius Caesar, 64, S.102/103, Mehl 1927, S.76f. Vgl. Scipio Africanus 同上., S.72.

66 ドミティアヌスについては：Suetonius 1997, Domitian, 22, S.926/927; Elagabalus については：Scriptores Historiae Augustae 1965, Vita des Elagabalus, Kap.21, 6(S.239) Kap.24, 1 (S.240).

67 Seneca, Ad Lucilium Epistulae Morales, Nr.86, 4-13, S.256-262/263. Vgl. Orme 1983, S.19.

68 独訳は Plutarch 1943, S.56 による、»vortisque fluminis et gurgites natatione superando« (Plutarch, Vitae, 1846, S.415b). Vgl. Mehl 1927, S.73.

69 Tischler 2001, Teil 1, S.192, 210f. Berschin の解釈ではアインハルトの伝記はどんなにスエトンの皇帝伝第13章を借用していても本質においては摸倣ではなく創作であるとされる（Berschin 1991、S.219）。Vgl. Ganz 2005, S.45-48. 基本研究は今なお Hellmann 1961 [1932]。

70 彼らに比べてアインハルトは、キケローが画家ゼウキスに帰したあのやり方を用いたのだ、すなわち麗しのヘレナを描くのにこの画家はひとりの女性で足らず5人の女性をモデルにして、それぞれ最もふさわしい部分を組み合わせたのだという（Patzold 2011, S.42f., 及び Cicero, De inventione, II.1.3）。典拠としてのキケローについては Kempshall 1995 も参照のこと。

71 »nepotes et litteras et natare aliaque rudimenta per se plerumque docuit« (Suetonius 1997, Augustus, 64, 3, S.100/101). Vgl. Auberger 1996, S.57f.

72 典拠：Mehl 1931, col.863.

73 Ausonius, Mosella, S.301f.（Paul Dräger

74 Schröder 1998, S.54.

75 Ovidius Naso, Metamorphosen, XIII, 920-968.

76 »quos impos damni puer inconsultus ab alto/ impetit et stolido captat prensare natatu. / sic Anthedonius Boeotia per freta Glaucus, / gramina gustatu postquam exitialia Circes / expertus carptas moribundis piscibus herbas / sumpsit, Carpathium subiit novus accola pontum« (Ausonius, Mosella, V. 274-279, S.30/31).

77 同上., V.335-340, S.36/37.

78 »fumant balnea« (同上., V.337-338, S.36/37).

79 »vidi ego defessos multo sudore lavacri / fastidisse lacus et frigora piscinarum,/ ut vivis fruerentur aquis, mox amne refotos / plaudenti gelidum flumen peplisse natatu« (同上., V.341-344, S.36/37).

80 »tantus cultusque nitorque / adlicit et nullum parit oblectatio luxum« (同上., V.347-349, S.36/37).

81 Tischler 2001, Teil 1, S.217-228.

Ⅲ．編む

1　Kerth 1995, S.32.
2　Dutton 2004, S.13-16. 以下のことについても、同書。
3　Hidricus »iussu Stephani Romani pontificis depositus ac detonsus atque in monasterium trusus est« (Einhardi Vita Karoli Magni, Kap.1, S.2, Z.31-S.3, Z.1f,; Einhard 2010, S.8/9).
4　»Neque regi aliud relinquebatur, quam ut regio tantum nimine contentus crine profuso, barba summisa, solio resideret ac speciem dominantis effingeret« (Einhardi Vita Karoli Magni, Kap.1, S.3, Z.9-11; Einhard 2010, S.8/9). Vgl. Dutton 2004, S.17.
5　皇帝ルートヴィヒに関するメロヴィング朝一族へのアインハルトの批判については：Tischler 2001, Teil 1, S.181.
6　Semmler 2003, S.28-30; Kölzer 2004, S.51-54.
7　Die Reichsannalen, S.15; vgl. Schneider 2004, S.243-250; Schiffer 2006, S.59.
8　ordo 概念については：Schneider 2004, S.247f.
9　年代記作者の多くはハサミで刈ることをメロヴィング王廃絶に固有のものとして言及してきた；vgl. Goetz 2004, S.327, 346, Tabelle S.366f.
10　Böhner, Ellmers und Weidemann 1980, S.102; vgl. Giesler 1999, S.112.
11　Giesler 1999, S.111.
12　Dutton 2004, S.4.
13　同上., S.22f.
14　Beutler 1982, S.212-230. 顔のタイプとその古代手本については：同、S.223f. 像がカロリング朝のものであるかは疑われてきた（Elbern 1963, S.266f.; その他の文献の議論は：Wirth 1995, S.81)。Corveyにおける新たに発見されたスタッコ像とCividaleの像はそれでもこれら全体のカロリング朝起源を証言する。Civitaleのものについては：Beutler 1982, S.191-205; Corveyについては：Sinopien und Stuck 2002. どれほど決定がこれまで未確定であるかカタログ『スイスにおけるカール大帝の時代』2013にあらわれている。カヴァーには「11/12世紀」とあるがDieterich 2013 S.31の論文の図版ではそのキャプションに800年頃の可能性を示唆している（同上）。Goll 2013, S.156は中核にカロリング朝、それをロマンが上塗ると言い、カタログ部分では「様々な時代の（9世紀？）12世紀［…］かもしれない重ね書き^{パリンプセスト}」(S.293) とある。
15　Fleckenstein 1965, S.25; Dutton 2004, S.24f.
16　Wirth 1995, S.78.
17　立像がカロリング朝起源ではなく、むしろカール大帝時代の記憶の意味においてフレスコ画の型に従って創造されたという議論は、逆もありうる。両方とも同時発生の証である。Wirth1995, S.81の議論は、しかしながらスタッコ像の真正さへの疑いをそのままに追求されている。
18　このことは左手が捧げ持つ帝国林檎のモチーフにも特に当てはまる。日付の歴史についてはGrimme 1985, S.13-16、日付の綿密な構成はHack 2008を参照。
19　Fried 2013、S.403, 591f. を参照。彼はこの像もカール大帝だという。騎手の左手のShairaはこの像がカール大帝ではない証拠であるとする仮定にFriedは反対している S.704, Anm.2。
20　Dutton 2004, S.36. Duttonの指摘によれば、カール〈禿頭王〉がほんとうにこれほど豊かな髪をしていたのなら、こうし

た呼び名はアイロニカルな転倒なのだろう（同上）。
21 同上 S.32f.
22 Schramm 1951, S.462; Dutton 2004.
23 同上、S.49
24 Ermoldus Nigellus, in honorem Hludowici, S.57, V.589f.; Hauck 1963, S.43.
25 Karolus Magnus et Leo Papa 1966, V.310-312, S.80/81; Hauck 1963, S.42f.
26 »Iam parat arma necis canibus« (Karolus Magnus et Leo Papa 1966, V.292, S.80/81). さらなる場面については：V.297-311.
27 »Regalis monte hec proles speculatur ab alto« (同上., V.299, S.80/81).
28 »non territus heros Karolus« (Notker, Taten Karls, II, 8, S.388/389; vgl. Hauck 1963, S.47f.). こうした狩猟報告の非現実的状況については：Fenske 1997, S.63f.
29 Frotharii Epistolae, Nr.1, S.277, Z.9; vgl. Dutton 2004, S.63f.
30 Capitulare Aquisgranense, 8, S.171, Z.17-20; vgl. Dutton 2004, S.63.
31 »Moxque lupos saevos teneros mutavit in agnos« (De Conversione Saxpnum Carmen, S.381, Z.48); vgl. Dutton 2004, S.67.
32 Walahfrid Strabo, De Imagine Tetrici, S.378, V.250-254; Däntl 1930, S.23. Vgl. Dutton 2004, S.67.
33 »Ursus ergo aliquando juxta allegoriam significat diabolum insidiatorem gregis Dei« (Hrabanus Maurus, De Rerum Naturis, col.223°); vgl. Ganz 2012, S.106.
34 Dutton 2004, S.67.
35 Notker, Taten Karls, II, 8, S.388/389, Z.26f.
36 »Ursorum referunt tergora seu capita« (Ermoldus Nigellus, In honorem Hludowici, S.74, V.562).
37 Hauck 1963, S.43f.
38 同上., S.34-38, 44; Fenske 1997, S.60f., 67-69, 85, 90f.
39 »Est locus insignis regali proximus aulae,／ Fama sui late, quae vocitatur Aquis／ Marmore praecinctus lapidum sive aggere septus« (Ermoldus Nigellus, In honorem Hludowici, S.57, V 583-585). Vgl. Hauck 1963, S.39f. アーヘン動物柵について基本研究は：Heuschkel 2003.
40 宮中教会の最新研究は：Heckner 2012; Markschines 2014.
41 »specularia subter ／ Dant insigne nemus viridique volantia prato ／ Murmura rivorum« (Walahfrid Strabo, De Imagine Tetrici, S.374, V.117-119).
42 Falkenstein 1991, S.252; ders., 2002, S.161; Heuschkel 2003, S.155.
43 翻訳は以下に拠る：Ermoldus Nigellus 1856, Buch 3, S.64, V.583-588. »Est locus insignis regali proximus aulae, ／ Fama sui late, quae vocitatur Aquis, ／ Marmore praecinctus lapidum sive aggere septus, ／ Consitus arboribus, quo viret herba recens; ／ At fluvius medium praelambit gurgite lento, ／ Hunc voluerres variae incolitantque ferae« (Ermoldus Nigellus, In honorem Hludowici, S.57, V.585-588).
44 »ludunt pecudesque feraeque. ／ Uri cum cervis, timidis cum caprea dammis« (Walahfrid Strabo, De Imagine Tetrici, S.374, V.119f.). Vgl. Önnerfors 1972, S.56f.
45 »Si quoque deine velis, saltabunt rite

leones, / Ursus, aper, panthera, lupus, linces, elephanti,/ Rinnoceros, tigres venient domitique dracones, / Sortiti commune boumque oviumque virectum. / Omnia pacatis animalia litibus assunt« (Walahfrid Strabo, De Imagine Tetrici, S.374, V.121-125; 独訳は：Homeyer 1983, S.113).

46 »Aeriae summo quercus de vertice laetis / Commodulantur aves rostris et suave susurrant« (Walahfrid Strabo, De Imagine Tetrici, S.374, V.126f.).

47 Hauck 1963, S.46.

48 同上.

49 同上., S.45. Vgl. Borgolte 1976, S.57f.; S.37, 46-50, 54および Notker の報告については S.132f. 象の歴史については以下を参照のこと：Heuschkel 2003, S.144, 155; Dutton 2004, S.59-61, 基礎研究は Hack 2001.

50 Dutton 2004, S.51.

51 »pro dignitatis causa« (引用は同上 S.50 による)。

52 Reudenbach 1998, S.14f. 8世紀半ば制作ブレキア産の台形大理石プレートは、孔雀の価値を高める印象をさらに媒介する (Pawelec 1990, S.136-138; Kunst und Kultur der Karolingerzeit 1999, Bd.1, Nr.II. 44, S.82f.).

53 Reudenbach 1998, S.51-65 はこうした複合した特徴を、皇帝ルートヴィヒ治下制作のソワッソン福音書において同様に孔雀を配置された生命の泉との比較から展開している。

54 同上., S.68-78.

55 Hauck 1963, S.41f.; Onnerfors 1972, S.57f. Vgl.D utton 2004, S.57f.

56 Einhardi Vita Karoli Magni, Kap. Kap.23, S.27f.; Einhard 2010, S.44/45, 46/47. カール大帝時代の衣裳に関して基本研究は：Paredis-Vroon 2003.

57 »exercitatissimus exercitatissimorum Francorum Karolus« (Notker, Taten Karls, II, 17, S.416/417, V.25f.).

58 同上., S.418/419, V.1-37. Vgl. Paredis-Vroon 2003, S.36.

59 Schramm 1951, S.471-474.

60 Einhardi Vita Karoli Magni, Kap.23, S.28, Z.4-7, 12-17; Einhard 2010, S.46/47.

61 Einhardi Vita Karoli Magni, Kap.23, S.28, Z.7-9; Einhard 2010, S.46/47.

62 Einhardi Vita Karoli Magni, Kap.16, S.19, Z.23f. Einhard 2010, S.34/35.

63 Notker, Taten Karls, II, 9, S.392/393, V.1.

64 »Cappam ex diaspro cum aviculis auro paratam I. / Pallium cocetineum cum elephantis I. / Pallium pupureum cum grifs / Pallium diop[harasium] cum pavonibus I.« (Schramm und Mütherich 1962, S.95).

65 Vgl. Dutton 2004, S.62.

66 Vogt 2013, S.113f.

67 Schramm und Mütherich 1962, S.42. Kat. Nr.6, S.115. はカール大帝の所有物に由来する；vgl. Kunst und Kultur der Karolingerzeit 1999, Bd.1, Kat.II.17, S.63f., und Credo 2013, Bd.II, Nr.423, S.425, 426f.

IV. 眼前に彷彿と

1 Ganz 2012, S.98-100. 同、以下についても参照。Eggenberger (2013, Finessen S.210) は史料を示さぬまま出自を「カール大帝の宮廷派」としている。

2 Duft und Schnyder 1984, S.52.

3　この技術については：同上., S.39-41.
4　Euw 1991, S.184f.
5　Ganz 2012, S.108.
6　Ganz 2012;　以下を参照のこと：Eggenberger 2013, Finessen S.208-210）. Tuotiloについては：Crivello 2004.
7　Ganz 2012, S.101.
8　»Praecipio tibi, bestia, in nomine Domini, tolle lignum et mitte in ignem« (Walahfrid Strabo,Vita Sancti Galli, S.293, Z. 17f.). Vgl. Ganz 2012, S.105.
9　Ganz 2012, S.103f., 108.
10　Duft und Schnyder 1984, S.53; Eggenberger 2013, Finessen, S.208.
11　Einhardi Vita Karoli Magni. Kap .25, S.27, Z. 18-20; Einhard 2010, S.48/49. この指摘は図版にたとえばその列聖式におけるカール大帝の遺物を認めるには十分確かなものに思われた。フリードリヒ・バルバロッサの行状におけるカール大帝の列聖に関しては：Vonnes 2003 und Görich 2013. ザンクト・ガレン伝承については：Ganz 2012, S.89, 92, 111.
12　Kaemmerer 1980, S.11.
13　S.u.S.87f.
14　S.u.S.99-93.
15　Beissel 1890, S.317f.; Kunst und Kultur der Karolingerzeit 1999, Bd. 1, Nr. II. 70, S.113（Ursula Mende）. Nesselrath 2001, S.103は、狼同定の最初の怪しい日付を、1486年4月9日、マクシミリアンI世戴冠の日、としている。Kaemerer 1980, S.11はもっと早く1414年を挙げている。Frank Pohle（口頭発表）は1350年としている（Aachener Chordienstordnung）.
16　Künzl 2003, S.16-18.
17　Erler 1972, S.11; Kunst und Kultur der Karolingerzeit 1999, Bd. 1, Nr. II. 70, S.112f.
18　ローマの狼を新しく定義する浩瀚な文献から、たとえばFried 2011, Formigli 2012。Fried 2011, S.122-124は、可能性のある注文主として Tuskulum 伯爵を挙げ、12世紀中葉と遅くとも1170年の間のこととしている：Heilmeyer 2010/2011, S.649は日付としてはラテラノ扉の設置の1195/1196を提案している。この見積もりは高い通用性を持っている。
19　動物学的見地については：Künzl 2003. S.16.
20　すでに Kisa 1906, S.42. がそういう意見である。ただし若干大きめの耳と2対にきれいに並んだ乳首は今日生存している熊の種との同定を苛立たしいものにしている。ケルト時代まで生存していたが今日では絶滅してしまった洞穴熊のことであろうか（Kaemmerer 1980, S.11）.
21　Hauck 1963, S.33f.
22　Bachrach 2001, S.84-131の祖述には教えられるところが多い。
23　Michel Pastoureau の熊の歴史研究書は示唆的な第1文で始まっている。「シャルルマーニュは熊に対する未だかつてない最大の敵であったのか？」（Pastoureau 2007, S.11）パストルーは、熊をその不屈とか北方では最強の獣であるという役回りによって半神的存在として崇めたとりわけ異教的崇拝との戦いがその責任があったと触れている（同上．S.53-85）。彼はカール大帝が772-773、782-785年に行なったウェストファーレンとザクセンにおける大々的な熊の駆逐キャンペーンを挙げている（同上．S.38f. 90f., 123-131）が、典拠を示していない。
24　Kisa 1906, S.42. Kaemmererはケルトの熊女神 Artio を名指している、その女神の属徴として像が生まれたのだと（Kaemmerer 1980, S.10）。この解釈に

25 Künzl 2003, S.25f.

26 引用は Kisa 1906, S.40による; Künzl 2003, S.26-28.

27 Kisa 1906, S.41.

28 »revertens Franciam, Ravenna ingressus, videns pulcerrimam imaginem, quam nunquam similem, ut ipse testatus est, vidit, Franciam deportare fecit atque in suo eam fimare palatio qui Aquisgranis vocatur« (Agnellus 1878, S.338, Z. 19-21. 独語訳は Agnellus 1996, S.361による。以下を参照のこと：Jäggi 2013, S.311, Anm. 79. Angellus については：Arnulf 2004, S.101-106. この Bildwerk の翻訳は東ローマ帝国皇帝コンスタンスⅡ世のような君主の業績に組み込まれている。彼は663年にあらゆるローマの使用可能なブロンズ像をビザンツ居城のために要求したのだった (Gramaccini 1995, S.130)。

29 これについては最新研究：Jäggi 2013, S.310-312.

30 Codex Carolinus, Nr. 81, S.614, Z. 15-17+; vgl. Jäggi 2013, S.310.

31 »Ad cuius structuram cum columnas et marmora aliunde habere non posset. Roma atque Ravenna devehenda curavit« (Einhardi Vita Karoli Magni, Kap. 26, S.31, Z. 1-3; Einhard 2010, S.50/51).

32 概観は Schramm 1973の基本研究が提供してくれる。

33 Thürlemann 1977, S.37; Bachrach 2002, S.250; Epp 2002, S.228. 以下も参照のこと：Fried 2001, S.314f. これと関連がありそうなのが、カール大帝は墳墓教会のために修道院創立と建築手段によって影響力を得るためにイエルサレム方面を向いているということだ。この政治の象徴が肖像コインの裏面である（図11）。そこにはイエルサレムの墳墓教会の図式的表現が刻印されている。この複合については：McCormick 2011, S.187-196.

34 Löwe 1956, S.49.

35 Rohr 1995, S.170. このテキストのこれまで知られている最も古い手書きは、皇帝ルートヴィヒ治下に生まれている（同上.）。テオドリクスに関するさらなる典拠は：Hammer 2005, S.314-318 und Epp 2002, S.229.

36 »urbim cineribus« (Ennodius, Panegyricus, Par.56, 引用は以下による：Rohr 1995, S.236/237); »ad limitem suum Romana regna remearunt« (同上., Par.69, S.246/247); »Latiaris custos imperii« (同上., Par.71, S.248/249).

37 翻訳は以下に拠る：Zanker 1990, S.213. »qui imperium p.R. ex minimo maximum reddidissent« (Suetonius 1997, Augustus, 31, 5, S.196/197). カール大帝関連は：Heilmann 1997, S.147.

38 Opus Caroli Regis Contra Synodum [Libri Carolini], S.12-23 (Ann Freeman).

39 Ebnda, S.31-36 (Ann Freeman); Büchsel 1998, S.31-36.

40 »imagines vel effigies ab his, qui eos dilexeranto, conderentur, ut posterorum vel dilectorum dolor haberet aliquod de imaginum contemplatione remedeium« (Opus Caroli Regis Contra Synodum [Libri Carolini], IV, 18, S.532, Z.14-16). Vgl. Frugoni 1984, S.44.

41 Opus Caroli Regis Contra Synodum [Libri Carolini], IV, 18, S.532, Z.16-19. 本文は広範囲に Isidor von Sevilla, Etymologiae, Ⅷ, 11, 3f., S.708から取られている。

42 Opus Caroli Regis Contra Synodum (Libri Carolini> II, 9, S.254, Z.5; vgl. Steinen 1931, S.255.

43 »In aspectu ipsorum piramis tetragonis lapidibus et bisalis, in altitudinem quasi cubiti sex; desuper autem equus ex aere, auro fulvo perfusus, ascensorque eius Theodoricus rex scutum sinistro gerebat humero, dextro vero brachio erecto lanceam tenens. Ex naribus vero equi patulis et ore volucres exibant in alvoque eius nidos haedificabant. Quis enim talem videre potuit, qualis ille? Qui non credit, sumat Franciae iter, et eum ascipiet« (Agnellus 1878, S.338, Z.6 -10; 独訳は Agnellus 1996, S.359; vgl. Jäggi 2013, S.311, Anm.79. 年表の正確を期して彼は情報を付け加えている。騎馬像は何人かの同時代人の間ではビザンチン皇帝ゼノンの記念碑と見なされていて、そのあとにテオドリクスが自分の名前を付与したのであると：»Alii aiunt, quod supradictus equus pro amore Zenonius imperatoris factus fuisest, [...] Pro isto equus ille praestantissimus ex aere factus, auro ornatus est, sed Theodoricus suo nomine decoravit« (Agnellus 1878, S.338, Z.10f.,16f.). アグネルスとは異なる単に報告されている説は、一連の著作者たちに帰せられている：なかんずく Schlosser 1891, S.169; Däntl 1930, S.30f.; Wiesgartz 2004, S.44f. アグネルスと同じ文献には；Hammer 2005, S.311。これらの研究を引き合いに出さずして Jäggi 2013, S.311 はゼノン説をまたもや少なくとも可能性として論じている。アグネルスによって描写された立像はアーヘンには到着せず、Regisole 像としてパヴィアにシンボルをもたらしたのだという説もまた、いかなる正当性もない (Schmidt 1873, S.24-41; Schlosser 1891, S.165; vgl. Däntl 1930, S.30f. und Heydenreich 1959, S.148f., この研究者はパヴィアの記念像の描写はアグネルスの記述とはまったく一致しないにもかかわらず、問題をオープンのままにしている)。パヴィア説への近年の先祖返りは：Frugoni 1984, S.43f.; Wiegartz 2004, S.189, 220; Hammer 2005, S.313.

44 Önnerfors 1972, S.75; Smolak 2001, S.91f. こうした機能はすでに『ヴェッティヌスの幻視 Visio Wettini』に表われている：Heito und Walahfrid Strabo 2004, S.62, Z.17.

45 Ausbüttel 2003, S.156.

46 ヴァラフリドの詩の第1部はブロンズ像を媒介に立像の周囲と描かれている者の情報を漏らしている (Verse 1-88)。第2部では皇帝ルートヴィヒが光の像として呼びかけられ、それはドームの足下に横たわる地上の楽園としての動物園に対応しており、一方、テオドリクス像とその従者群像は荒廃した逆の世界を繰り広げている (Verse 89-145)。詩の第3部は再度皇帝ルートヴィヒ、および家族と重臣たちの登場に当てられている (Verse 146-256)。締めくくりの付録として Captatio benevolentiae が続く (Verse 257-261, 1-7)。

47 複数形を「槍」と解することについては：Däntl 1930, S.35.

48 Claussen 1994, S.568.

49 たとえば800年頃ビザンツで作られた絹織物のカドリガたちは、記述の通り、おそらくアーヘンにあったとおぼしいが、すべて述べたような歩行姿勢を見せている (Kunst und Kultur der Karolingerzeit

1999, Bd.I, Kat.II.17, S.64)。
50 Cutler 1993.
51 Dutton 2004, S.26. ここで装飾的観点を数え上げているにすぎないことは（同上）Dutton 自身の議論を薄弱なものにしている。この撤退は Dutton が像にカール禿頭王を見て、カール大帝像を見ないことからきている。
52 Verse 74f.
53 Braufels 1968, Abb.134.
54 Von Schmidt 1873, S.11, Hoffmann 1963, S.323, Homeyer 1983, S.113, Anm.116.
55 Schmidt 1873, S.43; Falkenstein 1991, S.247f. 旧文献とともに；Nelson 2001, S.220f.
56 Bock 1844, S.89; vgl. Dehio 1872, S.180. Hermann Grimm はこの解釈に接近しているが、ただし決定的な結論に至っていない（Grimm 1869, S.30, 37f.）。
57 連環がこれまで分かっていなかったので、像の位置については研究者の間で論争がある。Herren は本詩行とそれに続く全節を、場所情報の想定を怠ったがゆえに、歪めている（Herren 1991, S.120f.；本文歪曲箇所：S.126 を V.127 のあとに置いている、さらに S.129 を V.209 とまたも置き換えを行なっている）。こうした詩句のブロックの変形は恣意的で、Vers128 と 129 を引き離しその 129 を Vers209 にくっつけることによって、詩のメッセージの中心となる密接な連環を取り逃している。研究者はだれも彼の変形に同意していない；Smolak は明瞭にこれを退けた（Smolak 2001, S.98f.）。
58 Verse 128-129, 付録を参照のこと。独訳は Däntl 1930, S.13.
59 Homeyer 1983, S.113, Anm.116; Falkenstein 2002, S.157.
60 Vers 22f.; 独訳は Homeyer 1983, S.110.
61 Vers 27
62 Vers 25
63 Vers 129f.; 独訳は Däntl 1930, S.13.
64 スキンティラの説明では、テオドリクスの肌の黒さは魂の黒さの表われで、両者はしかしここでは相互に正体を漏らしているのだと（Vers 52-59）。しかし続く説明は黒人を黄金の騎士の従者としてその所有欲の犠牲となっているのだと説明される、というのも裸形の者の貧困は彼の贅沢のなせるわざなのだから（Vers 60-66）。最後のシークエンスでは黒人はビザンチン皇帝によって制作されたかの有名なオルガンを叩き壊し、天のこよなき音楽と競う不遜をとめようとする（Vers 140-145）。
65 Verse 131-133.
66 Eggenberger 2013, Gold, S.242f. Vgl. Beer 1980, Abb.28.
67 浅瀬はフランクフルト定礎神話によってカール大帝と結び付けられている。Thietmar von Mereburug は 11 世紀初頭にこう記している、カール大帝はザクセン軍を前に自軍とともに撤退しつつマイン川に押し戻され、渡河可能な瀬も分からないでいた。そこへノロジカが神の使いとして使わされ、川を横切って見せて、フランク族が越えていくことのできる浅瀬を教えた。「故事にちなみこの場所が Frank 族の Furt（浅瀬 vadum）、すなはちフランクフルトと呼ばれた」（»Inde locus hic francorum dictus est vadum« [Thietmar von Mrseburg, Chronicon, Viii, 75, S.436, Z.28f.]）。「テルメの輩」とこの個所を軽蔑的に結びつけて vada（浅瀬）はまったく誤訳されてしまった：「保護［…］しようとする」（Däntl 1930, S.7）および「援護［…］しようとする」（Homeyer 1983, S.110）。それに引き換え

68 Vers 67.
69 Verse 69f.
70 ここでもしかして用いられているかもしれない鉛の合わせ釘、あるいは台石に固定されたレリーフを見るのかどうかの二者択一（Schlosser 1891, S.173）は、合わせ釘であるならヴァラフリドが言及したにしては大仰のように思われるし、レリーフであるならその重要さからして彼がこれに少なくとも1節もふれていないのはおかしい（この意味では以下を参照のこと：Schmidt 1873, S.17; Däntl 1930, S.37; Orlowski 1987, S.137; Frugoni 1984, S.44f.）。
71 Claussen 1994, S.568.
72 Hoffmann 1963, S.323, 326. Vgl. Frugoni 1984, S.36f.
73 Hoffmann 1963, S.326, 332-335; Orlowski 1987, S.132f., 137-144.
74 Braunfels 1968, Abb.133, 134.
75 すでに Dehio 1872.S.183は黒人を「楽器を打ちならすサテュロス」と同定している；同じく Schmidt 1873, S.15, und Schlosser 1891, S.171. Vgl. Wiegartz 2004, S.217f.
76 それは合計72km に及ぶ壁に囲まれた一帯に Domaene あった。今日の名称では Welschbillig（Wrede 1972）という。カロリング朝時代の表記については：S.12; 漕艇・水泳用水槽として、および養魚池としての使用法については（Wrede 愛好の解釈）：S.21f.
77 Vers 63.
78 このことは Veronika Wiegartz（Wiegartz 2004, S.218f.）も推定している；ただし、アーヘンの熊＝狼（ルーパ）説にとどまる。

79 Verse 33f. 翻訳は Thürlemann 1977, S.47を加筆の上使用。
80 ビザンツのサーカス一団がここでは手を貸していたのかもしれない：Cameron 1976.
81 »tumore gurgitum« (Ennodius, Panegyricus, Par.7, 引用は Rohr 1995, S.200/201;»non fluminum obiectio« (Par.21, S.210/211);戦闘については：Par.28-33, S.216/217-220/221).
82 Homeyer 1983, S.108.
83 皇帝ルートヴィヒとユーディトの2回目の婚姻による長子カールをヴァラフリドはより強く推しているくせに、あからさまにロータールを贔屓するとは、2度目の葛藤に陥っている。カールをユーディトだけでなく、皇帝までが庇護したのは、同時代人の苛立ちの種だった。その美貌によって讃歌されてはいたが、支配の仕方と利益誘導政治では広く拒絶されていた皇妃を、まるでマリアの顕現のごとくに言うヴァラフリドが、対立相手をいっしょくたに持ちあげていたのである（Däntl 1930, S.28）。
84 詩人が829年に詩篇を起草したとき Hilduin を顕彰したのだが、この者が830年4月の皇帝ルートヴィヒへの反乱に加わることになろうとは、そしてその経緯の内に皇妃ユーディトが追放され、その兄弟たちが失墜することになろうとは、知る由もなかったのである（Kasten 1997, S.204f.; Patzold 2011, S.49）。第1子ロータールによって指揮された同年10月の反乱が潰えてのち、ヒルドゥインは831年1月に追放されたが、はや同年5月には恩赦を受けた（Schieffer 2006, S.128-130）。
85 »animal lacerare virilia stantis« (Walahfrid Strabo, Visio Wettini, S.301-333, hier: S.318, V.449. 讃歌について

は：V.450-457, 464. 以下を参照のこと：Heito und Walahfrid Strabo 2004, S.90/91；以前のライヘナウ僧院長 Heito による『ヴェッティヌスの幻視』の Vorlage については、同上., S.46/47 (Praef.XI). ダンテの先駆者としての Walahfrid Strabo については：Herding 1948, S.391.

86 Heito und Walahfrid Strabo 2004, S.112/113, V.762. 注釈は：S.144, および V.747-751.

87 Walafridi Prologus, in: Einhardi Vita Karoli Magni, S.XXVIIIf. この曲芸については：Godman 1987, S.132f. 続く詳細については 同上., S.132-148. 以下も参照のこと：Berschin 1991, S.201-203.

88 Verse 108f., 114.

89 Vers 110

90 Herren 1991, S.135. »His golden effigies sport at the top of columns«. 以下を参照のこと：Homeyer 1983, S.112: »schmücken«, und Grimm 1869, S.44: »Spott« 及び »spotten«: Däntl 1930, S.13, 以下も参照のこと：Vélez Latorre 1998, S.888.

91 Vers 111. この詩篇については以下を参照：Smolak 2001, S.102.

92 Verse 217.

93 Einhardi Vita Karoli Magni, kap.26, S.31, Z.1-3; Einhardt 2010, S.50/51.

94 Hoffmann 1963, S.320.

95 Einhardt, Epistolae, Nr.15, S.118, Z.14-19; Goldman 1987, S.134; Stratmann 1997, S.326; Patzold 2011, S.51.

96 Einhardt, Epistolae, Nr.35（おそらく834年秋), S.127, Z.12.

97 Binding 1996, S.35-56.

98 Belting 1973, S.106f. 一般論としては以下を参照のこと：Beutler 1982, S.102-128; Elbern 1997, S.158-162; Kunst und Kultur der Karolingerzeit 1999, Bd.2, S.700.

99 Schmidt 1873, S.24には混じりっけなしの嫌悪の刻印された定式が見られる；vgl. Thürleman 1977, S.57.

100 Verse 137-146.

101 Bredekamp 2010, Kap.III, IV.

102 Verse 29. Vgl. Hoffmann 1963, S.325.

103 さまざまな立場からの議論は Smolak 2001, S.99f.；アニミズム説への反論は：Schmidt 1873, S.20-22, Däntl 1930, S.37f.

104 Catoni 2005.

105 Verse 263-268

106 Verse 110, 119.

107 Hauck 1963, S.47.

108 Gramaccini 1995, S.130f., 133f.

109 このことは Verse 107f. において明らかとなる。

110 Einhardi Vita Karoli Magni, Kap.17, S.20, Z.11f.; Einhardt 2010, S.34/35.

111 Arnulf 2004, S.114-116.

112 »ubi Roma secunda / Flore novo, ingenti, magna consurgit ad alta / Mole, tholis muro praecelsis sidera tangens« (Karolus Magnus et Leo Papa 1966, V.94-96；独訳は以下による：Arnulf 2004, S.115).

113 Bayer 1999. Vgl. Euw 2010, S.261f.

114 »Cum lapides vivi pacis comapage lingantur« (独訳は以下による：Arnulf 2004, S.113).

115 ペテロ前書2,5（訳注：「汝ら … 活ける石のごとく建てられて霊の家となれ」(日本聖書協会訳)；独訳は以下による：Arnulf 2004, S.114

116 Plumpe 1943.

V. 鏡面化

1 »ac propter hoc plurimae pulchritudinis basilicam Aquisgrani exstruxit auroque et argento et luminaribus atque ex aere solido cancellis et ianuis adornavit« (Einhardi Vita Karoli Magni, Kap.26, S.30, Z.25-27; Einhardt 2010, S.50/51. Vgl. Markschies 2014
2 binding 1996, S.39-46.
3 Gramaccini 1995, S.130-134.
4 Raff 2008, S.54.
5 列王紀略上7, 25, 29, 45. Gramaccini 1995, S.134f.
6 Grimm 1985, S.11; Mende 1994, S.132.
7 名人の手技による受容は Stefan Trinks のものである。
8 Beutler 1982, S.92.
9 Mende
10 Braufels 1968, S.137.
11 この理由から Beutler は主玄関の獅子にキリストの像化を見た (Beutler 1982, S.91-95).
12 Tremp 2013, S.40f.
13 Watkins 1960, S.256f.; Bredekamp 1994, S.297.
14 色彩について：Heckner und Schaab 2012, S.143, 149.
15 プリニウス父はその博物誌においてなかんずく銀の鏡の、映像を再現する力を指摘している (Plinius d .. Ä, Buch 33, XLIV, 128-130, S.90/91-92/93)。一般論としては以下を参照のこと：Kacunko 2010, S.37-170.
16 Bede, Hist. Ecc., 2, 11, in: Bede 2008, S.91; vgl. Wackenagel 1872, S.130.
17 Löwe 1956, S.59.
18 »Aes ab splendore aeris vocatum, sicut aurum et argentum« (Isidor, Etymologiae, XVI, 20, 1; S.1136; 独訳は Trinks 2012, S.48, Anm.31による). Lenelotte Möller は »大気の輝き Glanz der Luft« と独訳しており、字義どおりにはあり得る訳であるが、この金属の虹のような仄かな光は失われている (Isidor von Sevilla, Enzyklopädie, XVI, 20, 1; S.598).
19 Grimme 1994, S.64. メンデ Mende 1994, S.21, は「黄金めいた Goldähnlich」作用と用心深く語る。826年に Ermoldus Nigellus は Ingelheim 王宮の描写の中で、当地の礼拝堂が絵画の連続のほかに金属製品を挙げていて、その中には「青銅の側柱と黄金の扉」が飛び抜けている (»Templa dei summi constant operata metallo / Aerati postes, aerea hostiola« Ermoludus Nigellus, In honorem Hludowici, S.63, V.187f.; vgl. Ermoldus Nigellus 1856, S.72). Vgl. Mende 1994, S.22. 金を張ったブロンズ扉を備えたソロモンの寺院という外観に倣おうとして、»Gold« はブロンズからできた黄金の外被のことであったかもしれない。お手本としてのソロモンの寺院 (1.Buch der Konige 6, 32; 2.Buch Chronik, 3, 7) については：Mende 1994, S.21. アーヘン大聖堂の扉が金を被せてあった場合には、続く議論が相当に妥当性を得るだろう。鏡の性格はいっそう強められることになるだろう。
20 こうした鏡物語の歴史とイコノロジーについて基本文献は：Wolf 2002, S.201-252 (Alberti und Dante)、中世およびルネサンスを視野に入れるなら Kessler 2011.
21 Vulgata: »Videmus nunc per speculum in aenigmate: tunc autem facie ad faciem« (Paulus, 1. Korintherbrief 13,

12). Vgl. Hrabanus Maurus, De Rerum Naturis, col.273 D. Drogo 福音書の場面については：Kessler 2011, S.12f. その実現された存在については：Palazzo 2010, S.45-48.

22　Heito und Walahfrid Strabo 2004, S.64/65, Z.7. この点については以下を参照：S.127, Anm.2 (Önnerfors 1972, S.88 への反論。Önnerfors はコリント人の手紙が直接の宛名であると見ている)。

23　»in quadam speculo homo seipsum considerare potest«(AlKuin, De Virtutibus et Vitiis Liber, col.616C). Bradley 1954, S.102.

24　Kessler 2011, S.11f. ホスチアの皿という付加的可能的意味づけは鏡に矛盾しない、なぜなら皿と鏡の両者は機能的に同じなのだから（同上）。

25　»quasi in quodam speculo, [...] vos contemplimini« （引用は以下による：Anton 2006, s.68/69）.

26　Kunst und Kultur de Karolinger zeit 1999, Bd.2, S.474; Credo 2013, Nr.247, S.304f. (Lutz E. Von Padberg).

27　加えて、この手稿はアーヘン・ドーム建立前に生まれたようである（Hausmann 1992, S.11-13)。

28　Platon, Politeia, 599d; Werke, Bd.4, S.806/807. Vgl. Catoni 2005, S.297f.

29　ブロンズにおける鏡映哲学に基本となるのは：Babich 2008, S.151-155, 187f. 心理学の観点から素晴らしい業績は：Prinz 2013, S.113.

30　儀礼実践の様態と意味については：Althoff 2003, Macht.

31　»Stabat autem gloriosissimus regum Karolus iuxta fenestram lucidissimam, radians sicut sol in orte suo, gemmis et auro conspicuus«（Notker, Taten Karls, II, 6, S.384/385. Z.10-12)．

32　この観点については：Althoff 2003, Macht, S.40f.

33　»pax inviolata sit in regno et dignitas gloriosa regalis palatii maximo splendore regiae potestatis oculis omnium luce clarissima coruscare atque splendescere, quasi splendidissima fulgora maximo perfusa lumine videantur«（Schramm 1930, Anhang I, S.370. 祈祷を別のコンテキストに置いてみることについては：S.356)．

34　Klünker 1988, S.46f.

35　この観方は浄化トポスとはほぼ関係がない、このトポスを使って20世紀芸術史は、芸術史を光によるカタルシスの主要証人に仕立てあげたのである（Bredekamp 1986; ders., 1992)。特に Hans Sedlmayr の大聖堂研究（Sedlmayr 1976 [1950])、および Wolfgang Schöne のそれに劣らず重要な描かれた光の歴史研究が抜群である（Schöne 1975 [1951])。

36　Hogrebe 2014.

37　Eriugena, Über die Einleitung der Natur, in: Klünker 1988, S.237.

38　Eriugena, Über die Einleitung der Natur, in: Klünker 1988, S.208/209

39　Eriugena, Über die Einleitung der Natur, in: Klünker 1988, S.253

40　Spinoza, Ethik, 4, 207; S.374, Z.21, 24. Vgl. »Deus sive Naturae potentiae«（同上., 4, 213; S.388, Z.14)

41　世界を「顕現する神の形象、シンボル、メタファ »Bild, Symbol oder Metapher des erscheinenden Gottes«」として定義することについては：Beierwaltes 1983, S.71.

42　»multiplices regulae in arte artificis unum sunt« （Eriugena, Über die

43 Beierwaltes 1976.
44 »Non vos estis, qui intelligitis me sed ego ipse in vobis per Spiritum meum me ipsum intelligo« (Eriugena, Über die Einteilung der Natur, in: Klünker 1988, S.86/87)
45 Beierwaltes 1976, S.265. 以下も参照のこと：S.251f., 教会については：S.261f.
46 »Lampadibus plenas faros altasque coronas. / Omnia collucent gemmis auroque coruscant« (Eriugena, Carmina IX., S.552, V.95f.). 以下を参照のこと：Herren 1987, S.594f. アーヘンとの関係および誘因の規定と日付については多くの研究に見ることができる。
47 Panofsky 1975, S.150f.
48 それはさらに確定的なフィールドに従っていて、名前を挙げた作品のほかに十字架 (Schppel 2005)、凱旋門のミニチュアとしてのアインハルト凱旋門図 (Beutler 1982, S.102-128; Kunst und Kultur de Karolinger zeit 1999, Bd.2, S.700)、象牙、マリーエン教会の豪奢なブロンズ格子を包摂する (Pawelec 1990)。
49 Riegl 2000, [1901], S.14はビザンチンの金地を視野に入れている。近縁の特徴的なまとめ方に従うならそれを »vibrierende Materie 震動するマテリア« (Bennett 2010) という。
50 金地についての最近の文献からはWenderholm 2005が挙げられる。基本はBeer 1983。ネオプラトニズムとアナロギーな神学的属性と考えるような解釈に対して彼女は金地のモノとしての性格を正当にも際立たせた (S.273)。もし以下において地の発光が強調されるとしても、Beerの批判を貶めようがためではない。
51 この性格の内にはAlois Rieglの中央消失点遠近法に反する金地解釈が妥当性を得るのである (Riegl 2000 [1901] S.14)。
52 こうした基本的概念については以下を参照のこと：Boehm 2012, S.30f.,。S.86, Anm.4にはKunisch 1929が示される。
53 基本文献は：Boehm 2012, S.65-84.
54 »hos Hyperionio cum sol perfuderit aestu, / reddit nautales vitreo sub gurgite formas / et redigit pandas inversi corporis umbras, / utque agiles motus dextra laevaque frequentant / et commutatis alternant pondera remis, / unda refert alios, simulacra umentia, nautas« (Ausonius, Mosella, S.26/27, Z.222-227). 鏡のモチーフについては：Schröder 1998, S.55-58.
55 オヴィディウスのナルチス譚については (Ovid, Metamorphosen, III, V.339-512): Wolf 2002, S.219-222.
56 »ipsa suo gaudet simulamine nautica pubes, / fallaces fluvio mirata redire figuras. / sic ubi compositos ostentatura capillos / candentem late speculi explorantis honorem / cum primum carae nutrix admovit alumnae, / laeta ignorato fruitur virguncula ludo / germanaeque putat formam spectare puellae; / oscula fulgenti dat non referenda metallo / aut fixas praetemptat acus aut frontis ad oram / vibratos captat digitis extendere crines« (Ausonius, Mosella, S.26/27-28/29; Z.228-237).
57 »talis ad umbrarum ludibria nautica pubes / ambiguis fruitur veri falsique figuris« (同上., S.28/29, Z.238f.).

結び

1 蔵書は1933年に移されたが、この蔵書をめぐる研究者間の不和については：Grolle 1991.
2 Schramm 1951, S.512f.
3 同上、S.514. 国家的髪型（同上、S.472）のようないくつかのその他のエレメントについてリストアップされなかったのは、おそらくそれが「祝祭 Festen」のカテゴリーには明確に対応しなかったからだろう。Schramm の国家記号の概念について新しく定義しようという試みは：Hack 1999, S.253-270.
4 Raulff 1995, S.293.
5 Schramm 1951, S.515.
6 »Nihil firmum infirmo« (Seneca, Ad Lucilium Epistulae Morales, 98, 10, S.528); »Nihil tutum, nihil firmum apud mundi amatorem« (Hrabanus Maurus, Commentariorum in Ecclesiasticum, Ⅲ, Ⅷ; col.852). このモチーフについては以下を参照：Bredekamp 2001.
7 レオナルド・ダヴィンチの液化した世界像はここで相対化された四大の上に構築されている。この点については以下を参照のこと：Fehrenbach 1997, 特に Teil 4.
8 »Aurea purpureis pinguntur grammata scendis, / Regna poli roseo pate — sanguine — facta tonantis / Fulgida stelligeri promunt et gaudia caeli, / Eloquiumque dei digno fulgore choruscans / Splendida perpetuae promittit praemia vitae« (Godescalc, Widmungsgedicht, in: MGH, Poetae, Bd.1, S.94, Z.1-5). 独訳は以下による：Reudenbach 1998, S.99. 福音書のマルチ感覚的現前化については以下を参照のこと：Palazzo 2010, S.42-45.
9 »Sic doctrina dei pretiosis scripta metallis / Lucida luciflui preducit ad atria regni / Lumen evangeli sectantes corde benigno, / Scandentesque poli super ardua sidera celsi / Collocat in thalamo caelorum regis in aevum« (Godescalc, Widmungsgedicht, in: MGH. Poetae, Bd.1, S.94, Z.12-16). 独訳は Reudenbch1998、S.99による。
10 »Fonte renascentem, et sacro baptismate lotum, / Extulit albatum sacratis conpater undis« (Godescalc, Widmungsgedicht, in: MGH. Poetae, Bd.1, S.95, Z.27f.). 独訳は Reudenbch 1998, S.101による。
11 Nelson 2001, S.235f.
12 Bullough 1966, S.85.
13 Whitehead 2000, S.70, 122f., 133-136.
14 Schmitt 2011.
15 Hüsmert 1988, S.43.

ヴァラフリド・ストラボの歌『テオドリクス幻想』の独訳と前置き

　誰が訳したのか断りがない独訳はブレーデカンプのものである。原文と独訳のページ数が隣接するよう塩梅された出版物では、そのページ数が斜線（／）で並ぶよう表記される（たとえばS.12/13）。（訳者注：これは本文につけた原注での表記の問題）。

　Ⅳ章に詳しく検討される Walahfrid Strabo の歌謡 "De Imagine Tetrici" は、Monumenta Germaniae Historica, Antiquitates. Poetae Latini medii aevi 2 (= Poetae Latini aevi Carolini Ⅱ), Berlin 1884, S.370-378. における Ernst Dümmler の版を引用した。この版は以下のように Däntl 1930 および Herren 1991 との異同がコピーされている。これら3つの異本の合本は Stefanie Meisgeier と Kolja Thurner の校閲による。このコピーに関してはヴァラフリドの歌謡の Verse（詩行）だけで示される。たとえば短い個所の参照指示ではこれは直接に本文中に（Vers*）示される。（訳者注：これも本文につけた原注での表記の問題）。

＊訳者注：以下、ラテン語の付録「アーヘンの宮殿にてルートヴィヒ帝治世16年目に著されたテトゥリクスの像についての詩行」については大妻女子大学比較文化学部准教授渡邉顕彦氏にお願いした。「彼自身と真実のムーサたるスキンティラの間の問答歌という形で」テオドリクス騎馬像を否定し、テオドリクス王そのものを否定し、この像を設置したカール大帝をも間接的に否定するが、ヴァラフリドが仕える王ルートヴィヒは讃えようという志向で歌われた詩である。これがブレーデカンプにとっては騎馬像こそ形象を利用した彫像政治の要として呼び出される。

アーヘンの宮殿にてルートヴィヒ帝治世16年目に著されたテトゥリクス[1]の像についての詩行

訳：渡邉顕彦

甘美な誉[2]よ、季節はふさわしく、
春は花をもたらすミルクの南風で自らをふるいたたせ、
大いなる太陽は燃える大気をその足跡でたどり、
日々はより長く、影は心地よく、
咲き誇る花、新たな誕生、そして実りの喜びに   5
若草や木、そして海や森や田園や空を渡る
全ての動物の類は身を任せているのに、
貴方は私の質問、貴方の答えを何故許さないのか？
というのも学ぶことは私の願い、貴方は答える用意ができておいでなのだから。

スキンティラ

貴方はご存知ないはずはない：どのように古の詩人たちが   10
大いなる神々や大地にふさわしい詩を歌っていたのかを。
というのも、彼等は時には険しい山の辺鄙な峰をたどっていき、
時には洞穴、溝、また山間の谷に隠れて
矢のような声で多様なエコーに呼び掛けていたのだ、
ぼさぼさした額に自ら蔦でもって上手く冠をしていた者達は。   15
彼等に耳を傾けていたのは暗い森、獣、そして臆病な鳥達、
彼等の心は平穏で、狂おしい心配事からは遠く守られていたのだ。
だが私達は森、蔦、エコー、詩心[3]の代わりに
四方八方から度を越した騒音を受け、
そして（私達は）泥や糞から眼を上げるや   20
直近の事柄にわれ知らず怖気をふるうのだ。
一方には誹謗する輩の、他方には貧者の喚き声、
（私達の）露出したふくらはぎを汚す黒い糞。

1　ラテン語 t(a)etricus。「峻厳、暗い、陰気、近寄りがたい」等の意味をもつ形容詞
2　対話相手の Scintilla を指す。
3　原典 cot(h)urnus。悲劇役者、悲劇作家、詩人等がはく長靴のこと。

もし詩神達がいまだかつてこれらヤマネ共、
糞、叫び声、溢れる泥水、喧噪を愛したことがあったのなら　　　　　　　　　　　25
貴方に答えるに全くやぶさかではないが、しかしもし
（ふさわしい）場所が無いゆえ私の口数が少ないのだから、もっとおだやかに話されよ。

ストラボ

先ず伺いたいのは、私達がしばしば往来する道の傍らに
像を立てるのに、何故、このように数多の像を従えているか。

スキンティラ

イタリアの地でかつて王であったテトゥリクスは、　　　　　　　　　　　　　　30
性貪欲、多くの富を奪って専ら欲望のままに貯めこみ、
この不幸な者はただ独り真っ暗な黄泉の国を彷徨い、
この世では、彼には干からびた名声のほか何もない。
テルメにいる輩は、彼のために浅瀬を用意するのだが、[4]
いわれのないことではない　―　なぜなら彼は全ての（者達に）口汚くののしられ　　35
世のひとは、神そのものの冒涜者を
永遠の業火と大いなる地獄に落ちるのだと決めつけるからだ。
もし、職人達がこの像をまだ存命中の彼のために造作したのなら
それは狂気のライオンにおもねったやり方だろう。
あるいは、（私はこのほうをより信じるが）あの惨めな者自らが命じたのだ、　　　40
この像を作れと　―　しばしば高慢さの命じるままに。
というのも、誰も不幸にはなるまい、自分自身を
在るがままに知るのをやめ、己ならざる自分を敢えて信じる者以外は。
馬車や馬上にあるのは高慢な者どもであると、分かっていれば
（あの像が）馬上にあることをよもや貴方は不思議に思うまい。　　　　　　　　45

ストラボ

同時に、私達は鳩が空を飛来するのを見る、
日に三度、日が昇る時、正午、そして日暮れにやって来るのを：
このような見ものを、空虚な事柄に等しいと私は判断しない。

4　原文はこう述べているが、意味不明。

スキンティラ

小さい者どもが、凶暴な暴君をいわば慕うのを、貴方は見ないのか？
それは心底からではない、というよりは、つまりこの一時の　　　　　　　　　　50
平安のために食物を求めるが、彼等は巣を作り身を（そこに）休めはしないのだ。

ストラボ

何故、彼は右手に小さな鈴を持っているように見えるのか？
彼が裸なのは、黒い肌をひたすら楽しまんがため。

スキンティラ

彼は歌なしにも関わらず、（自身の）肌なしでは絶対いられない[5]　―
一度身にまとった肌なしでは　―　しかしこう言ってもよいだろうか：　　　　55
まことに、最高の褒め言葉でもって悪人達を
こぞって称えるのだ、美徳のかけらもない者達が；
もっと有体に言えば、裸の者が裸の者に不名誉を与えている。

ストラボ

ほかにも何かあれば、話してほしい。

スキンティラ

絢爛に着飾った身体から輝き出ているのは、黄金の貪欲である。　　　　　　60
投げ矢を持っているが、それは怠けた脇腹を突くのに
ふさわしく、手慣れた略奪に向かって欲望に身を焦がす。
黄金の（貪欲）が黒い付き人を従え支配しているが
その示すところは、まさにこのこと　―　すなわち、邪な
贅沢に欲ではちきれんばかりの者がいるかと思えば、同様、　　　　　　　　65
貧困に焼かれ奪い尽くされる者がいる。
というのも、詩人が証言することだが、水のとどまるを知らぬがごとく、
欲深い者は渇望にとめどがない；お気づきだろう、手綱が無い、
そして石や鉛、そして空虚な金属の上を
馬が走っている、それは、つまり硬い胸、　　　　　　　　　　　　　　　　70
怠け心、そして空っぽの感覚をした獣が、自ら高慢のおもむくままである証拠。

5　caneret（歌う）と careret（～なしでいる）をかけた駄洒落。特 n と r の区別が難しい
　　字体が使われる写本では有効だったかもしれない。

おお、限りなく害毒を流す病疫よ、世界中を戦で覆い、
また強者を殺害して武功をあげなければ満足しないのか、
(お前の) 邪悪な顔を高名な宮殿と
キリスト教徒達の群の正面に置いたことを、執念く確認しようとしたのか。 75
お前の馬は、三本の脚を、筋がどの方向からも見えるよう
何もない空の上を泳ぐごとくに
掲げる、そうすれば白鳥達の間に見ることができるようになるだろう、
最悪の力よ、お前の武器によって敬虔な心を、まさかに汚すことができようとでも。[6]
　しかし、お前自身は一本の脚を無駄な努力によって 80
徒らに、最上の決議の身振りで挙げてみせた。
というのも、お前自身に対して貴族達のうち誰かでも味方にしようと
お前が試みるたびに、時には真ん前に黒い死の
予想もしないでいた扉の留め金が現れ、
時には、最も聖なる城塞が常に近くに置いておいた神父達の警戒が 85
黒い警告でもって、病害を押しとどめたのだ。
彼等の王杓は決してその根源から離脱しないだろう
火を吐く雲の中で光を放つ王が来るまでは。

ストラボ

私が見るところ、気が滅入る事柄がこれでもって先に片づけられたので、
第一人者達に返済されるべき誉の約束を果たすことが相応ではないか。 90

スキンティラ

それは知っている、だが幸せな者に無用であったことはないのだ、
不幸な事柄によってあらかじめ心を強めておくことは ― また、良い事は
悪事でなかったことも一度もない：このように神霊は定めたのである。
古の詩人たちが黄金の時代と呼んだものは
見よ、偉大なるカエサルよ、時を経て再来した。 95
貴方は敬神によって、貴方が小さすぎると思う全ての物を満たす：
他の者達は財宝によって、貴方は善行によって、見栄えよくあれ、
貴方は善政を用いて好かれ、他の者達は圧政を喜ぶ。
偉大な王よ、貴方一人があらゆる勝利に移行する：

6　要するに不可能であるということ。

というのも、人民の間で大いなるモーゼという以外に、貴方を何と呼ぼう。 100
貴方は、影を取り去った後に、民衆を光の中に導き、
道徳の新たな神殿を造り、キリストの贈り物、
それは貴方にもたらされたのだが、全てを、全ての者達に分け与えるのだ。
彼の者は影を、貴方は肉体を持ち、彼の者は人里離れた砂漠で
天幕と青銅の蛇を、技によって形作り、 105
水を石から汲み、霜からマンナを取りだした：
他方、貴方は天の至福に向かって呼び集められた民衆の中で
大いなる王よ、聖なる石を礎石とする聖堂を支配している、
その聖堂の重きを、かつて貴方の偉大な父君が高めたのだが：
彼の黄金の像は柱の頂上で戯れ、 110
彼の才能を、プラトンの教義に私は結びつけはしない。
貴方は乳と同時に蜜に溢れ、石の後から流れる
水を、ファラオが波によって殺された後、与える。
貴方は、高い王座に就く父を世世に誉をもって称える、
彼のために、至福の場所にふさわしい見世物が常にあることだろう。 115
こちら側からはソロモンの大いなる宮殿が、あちら側からは至上の
建物に匹敵する神殿が光り輝き、下方では窓硝子が
素晴らしい森、そして緑の草原を走り抜ける
小川のつぶやきが聞こえる；家畜と獣は戯れる、
野牛が鹿と、山羊が臆病な牝鹿と。 120
さらにお望みとあらば、獅子達は整然と踊り、
熊、猪、豹、狼、大山猫、象、
犀、虎、そして飼いならされた大蛇も来るだろう、
牛や羊と共に草地を分け合いながら。
全ての動物は、平和にともにいる。 125
空の鳥は、樫の木のてっぺんから喜ばしい
嘴でもって共に歌い、心地よく囀る。
そして別の場所からは反射する輝きで光る
黄金の騎乗者が、歩兵隊に伴われて走り、
ある者達は鈴を鳴らし、別の者達はオルガンを弾く。
130甘い調べは、空虚な心をそれほどにまで惑わし

---

7 umbram：「幽霊」、「亡霊」という意味もありうる。

始めたのだ、ある女など、茫然自失して、
音声の甘さのために、絶命するほどに。
お前をなぞる巨像（もう十分であろう）も退くがよい、
ローマよ；偉大なカエサルが望むのなら、フランク人達の 135
城塞に、惨めな世界が造ったものは何であれ移されて来るであろう。
見よ、かつてギリシアの自慢の最たるもの
オルガンを、偉大な王は最も偉大な発明に数えない。
しかし、もしもこのオルガンが壊されず始まりの音を保つのなら
自らの撥によりしばしば青銅（の楽器）を奏でる者は仕事を失うであろう。 140
しかしその前に、彼は蔑まれた肌から外套を投げ捨て、
バッコスに憑りつかれて、鉄の塊を掴み取り、音声豊かな
胴と、不揃いな筒を粉々にするだろう。
これは理由のないことではない、というのも、彼は自らの歌の代償に何の報酬も
得なかったからだ、外面ばかりが、輝く黄金に[8] 145
黒い四肢を塗り替えるほどに、褒めそやされて。
ところで、床板は大きな群衆によってきしむ、
その、とても美しの集団はdarusなる[9]モーセに従っているのだが。
告白すれば、私は宝石と、黄金によって飾られた者に驚嘆し
そして眺めて、心の中で一つ一つのものを吟味しながら考え込んだ、 150
私が見ているのは敬虔なるソロモンなのか、偉大なるダヴィデなのかと。
ヘロデでないということは分かっている、そしてこのような栄誉を
天の最上の王は彼の者には与えないということも。
私の身体から硬ばりが解けた後、私にはついに見えた、
聖なる父の、光り輝く角の生えた顔が； 155
その者に、神聖な言葉の連帯は輝きを
与えたのだ、その地上における者達の中で最も優しい者に。
（ロータール帝について）
ところで右側からは聖なる王国の最上の希望、
ヨシュアという予兆的な名の子孫が前進して来る。
道徳、美徳、栄誉のうち何も彼に不足するものはないだろう。 160

---

8 この行のsaltinrは意味不明なので訳さなかった。他校訂者はsaltim（「少なくとも」）と読む。
9 このdarumという単語は、一応統辞的には形容詞と解釈したが実際のところ意味不明。他校訂者はclarum（「誉れある」）と読む。

もし彼が安泰であり続けるのなら（貴方を天の王国が上に挙げ、
神の顔を見て貴方が喜んだ後に）
彼はキリストを指導者としつつ、地上、天上で謳われることだろう
そして善い終わりが、このような始まりを完成させることだろう。
（ルートヴィヒ王について）
そしてヨナタン、最も甘美な者よ、喜ばしいあなたの顔を 165
私たちは観察する。貴方には等しい平和の恩寵、
等しい性格の正しさ、そして常に等しい勝利が附いている。
実際、貴方はふさわしい美徳によって父の名を想起させることだろう；
貴方に心労がより少ないにもかかわらず、栄光は付随している；
悲しむでない ― 財宝が拒むことも、合意はもたらしてくれるのだ。 170
（ピピン王について）
三つめの宝石が自らの栄誉を失うことは絶対にないように！
この者の誉について、視覚が私に刻印しないことも
喜ばしい名声の甘い花のような香りを通して私は吸い込む。
（ユーディト皇后と、皇位の者達の息子、シャルルについて）
震える舳先の正面に、海の巨大な波が
現れる ― 旅路は始まったばかり、波頭を乗り切れと誘うのだが ― 175
ただ、水の壁とうねる門が威嚇する。
私は確かに見た、美しいラケルが、彼、祖先達の慰め、
ベンヤミンを右かたわらで[10]導くのを ― 彼の
豊かな健康は、世世を通して聖なる老年を心地よいものとするのだが ―
彼のことを五つ目の部分がさらに ― これを別の喜ぶ者が知覚する ― 180
待ち構えている（私はそう信じる）、というのも、彼はまさに自身の栄誉でもって輝くだろう、
　彼自身が、敬虔なる美徳でもって部族と血統を造り出すことだろう。
彼によって母は勝利を祝いつつ、あるもので苦しまされ嘆くのにもかかわらず、
全世界の幸福な喜びを取り出してみせた。
彼の柔らかい若年を飾る驚くべき麗しさは 185
既に彼の誉れ高い心の中に成熟した感覚を形作る。
このような子孫により残ることになる血統は幸いである：
キリストよ、彼が名前によってその後を従う、同じ者に、業によっても従えさせたまえ、
また性質、特徴、生涯、美徳、勝利、

10　または、「正当な・善い序列でもって」（原文 dextro … ordiine）。

平和、信仰、敬神、精神、会話、大胆さ、
教説、思慮深さ、成功、そして信頼される子孫によっても。
またよくご理解あれば（わかるだろう）、名をユーディトというのも故なしとしない。
そうではなく、美徳と信心によって彼女はユーディトを写し出す、
アッシリアの盗賊が己の憎々しい首を差し出した、その彼女を：
彼女は、死の首を信心の刃でもって断ち切り
救出された市民達のために、自由の力をより増やす。
マリアは、荒々しい音をたてる革でもって鼓を奏でたが、
ユーディトは、甘い音を立てる撥でもってオルガンを縦横に弾いた。
ああ、もしも我々を訪ねた者が、お喋りなサッポー、またはホルダだとしても
貴方は脚で戯れることも、将来を予言することも出来ただろう。
というのも、性別の貧困が貴方から取り去ったものを、
才能により開花し、訓練された生き様が、貴方に返却したからだ。
貴方の中に、多くの私達にとって驚くべき事柄を私達は見る：
貴方は種子において豊かであり、教説においても豊かに見え、
理性において強く、信心のうちに廉恥であり、
愛によって甘く、心で力強く、会話において愉快である：
臥して喜び、座しても喜び、起きて喜ぶ、
幸いにも天上に列席した時にも、喜んでいるがよい。
（礼拝堂司祭長ヒルドウィンについて）
すぐさまに、偉大なアロンが偉大な
驚嘆すべき隊列の中で、誉ある服をまとって前進する。
紅い果実は、鈴の美しい音色に呼応する：
果実は信心の、鈴の音は救済の証明であり、
敬虔なる神父は両方によって、多様な様式で輝き
聖なる儀式において、神聖な祭りを素早く祝う。
濡れたテティスよ、お前のほうが先に水を欠くことになるだろう、
これほどまでに偉大な司祭が唾棄すべき偶像を溶かすくらいならば　—
親切心溢れる民衆が斧によって倒したその偶像を：
貪欲な者が偶像を持つのだと、キリストの弟子よ、貴方は言う。
行け、行け、世界の誉れよ、より良い運命を享受するがよい、
神に喜ばしく生きよ、幸福な終わりを得よ。
（偉大なるエインハルドゥスについて）
また偉大なる父、ベツァルエルに対する敬意もより小さくなってはならない、

彼は最初に、上手に、慎重に、職人達の
全ての仕事を選り分けるのだが：このように、最終的に至上の
神自身は弱い事物を選びとり、強い事物を蔑むのである。
というのも偉大なる者達のうち誰が何時、より大きいものを受け取ったのか、　　225
それ以上のものが背の低い小人から輝き出るのを見るのか、非常なる驚きにて？
（教師グリマルトについて）
貴方は王達の書庫の中に埋まり、隠れて生涯を送っているが
私は貴方を見逃さない。ホメロスよ、貴方は洞窟の中にでも隠れるのか？
というのも、シチリアの洞窟が貴方にとって好ましいということを、私は知っている　—
其処で、貴方は独りで詩神達と、詩神達の愛を愉しめるのだから。　　　　　　　230
しかし貴方は、偉大なる勝者達のために、いよいよ最良の歌を叩き出す：
貴方が紅い太陽によって熱せられる時が来るだろう。
しかし、たとえ我々の体の全部分がお喋りな
舌に、様々な使途から離れて変化しようとも、
あるいは剛毛から、鋭い音を発する笛筒が生えることが可能であったとしても、　　235
偉大なる指導者達全てのために十分な称賛を述べるには、拙い私である。
驚嘆すべき事柄について黙るほうがよいだろう、
これほど大きな重石を、卑しい話術によって持ち上げるよりは。
このような高位の者達について学ぶことに私は興味を持っていたし
私は嗅ぎまわりながら、これほどまでに大きな事柄の職務を調べ上げていた。　　240
そしてようやく喉の渇きをまさに聖なる飲み物により癒した時　—
またこのように熱い視覚の興味は喉の巨大な渇きであるのだが　—
質問がなされた　—　私は何処の出身で、何処の誰の命によって来ているのかと。
私は驚き、全ての事柄を、震えながら順序立てて説明した：
見ることは一度で十分であろう。称賛することについては常咲の　　　　　　　　245
愛が衝き動かす。神の寛容さが、貴方たちの手の中で
全ての民族の間で、栄冠を、また
トーガを来た子孫と共に、父達の娼婦のような[11]名声が保たれるようにしてください
　ますように、
そして偉大なる元老院に、世世を通じて加えられるようにしてくださいますように。
そして喜ばしい谷間で、貴方達の弓を　　　　　　　　　　　　　　　　　　　　250
熊、猪、臆病なウサギ、そして逃げ足早い牡鹿、

11　原文 p(a)elicem。他校訂者は felicem（「幸せな」）と読む。

女鹿、狼、そして野牛の巨大な群れが恐れるように

まさにそのように、卑しいブルガリア人、[12]テュロスのcenusなるイベリア人には悪い客である者、

獣じみたブリトン人、賢しいデーン人、また凶暴なアフリカ人が

その敬われるべき右腕の下に、彼等の首を恐怖にかられて差し出しますように。　255

まさに今、国は幸せに成長したのである　—　十分に

王達は賢くあり、そして同時に賢く統治している時に。

愚かなテトゥリクスよ、さらばだ：貴方に誘われるままに歌ったので

私の詩神が過ちによって汚されているのも不思議ではないし、

貴方は私に材も、言葉も示すことが出来なかった：　　　　　　　　　　　　　　　260

もし何らかの方法が貴方に、詩神よ、これら（言葉）を持って来るのならば、その時に貴方は輝くだろう。

ここで、既に宵の明星も昇っているし、ペンを置くことにしよう。

この詩は、ストラブスが著した。彼は、僧達の最も小さい一部分である　—

ライヒェナウ島が、貴方達の祈りによって養う僧達の。

(文)法は、私の名がストラボだと叫びたてるが、

私自身は自分をストラブスと呼びたいし、ストラブスとなるだろう。

造り主がその業を、もしこう言うのが許されるなら、悪く造ってしまったので、

この誤った名前を用いて私は著すのだ。神よ許したまえ。

12　原文 Vulgar（「民衆的な、卑しい」を意味する形容詞）。Bulgar（「ブルガリア人」）とかけた駄洒落らしい。

13　cenus は形容詞らしいが意味不明。他校訂者は cynos、「犬」（ギリシア語 $κυνός$、ただしこれだと主格ではなく属格）と解している。もし cenus = $κενός$（ギリシア語）だとすると「空っぽ」の意になるが。

14　あるいは「毛深い」（原文 horridus）。

原典・文献表

ADLER, HANS, Metaschema und Aisthesis, in: Zwischen Bild und Begriff. Kant und Herder zum Schema (Hg.: Ulrich Gaier und Ralf Simon), München 2010, S. 119–154

AGNELLUS VON RAVENNA, Agnelli liber pontificalis ecclesiae Ravennatis (Hg.: Oswald Holder-Egger), in: Monumenta Germaniae Historica, Scriptores rerum Langobardicarum et Italicarum, Hannover 1878, S. 265–391

AGNELLUS VON RAVENNA, Liber pontificalis. Bischofsbuch. Lateinisch und Deutsch, Zweiter Teilbd. (Übers.: Claudia Nauerth), Freiburg u. a. 1996

AIRIE, STUART, Charlemagne and the Aristocracy. Captains and Kings, in: Charlemagne. Empire and Society (Hg.: Joanna Story), Manchester und New York 2005, S. 90–102

ALBERICH VON TROIS-FONTAINES, Chronica Alberici Monachi Trium Fontium (Hg.: Paul Scheffer-Boichorst), in: Monumenta Germaniae Historica, Scriptores (in Folio) 23 (= Chronica aevi Suevici), 1874, S. 631–950

ALKUIN, De Virtutibus et Vitiis Liber, in: Patrologia Latina, Bd. 109 (Hg.: Jacques Paul Migne), col. 613–638

ALKUIN, Epistolae (Hg.: Ernst Dümmler), in: Monumenta Germaniae Historica, Epistolae (in Quart) 4 (= Epistolae Karolini aevi II), Hannover 1895, S. 1–481

ALTHOFF, GERD, Verwandte, Freunde und Getreue. Zum politischen Stellenwert der Gruppenbindungen im früheren Mittelalter, Darmstadt 1990

ALTHOFF, GERD, Die Macht der Rituale. Symbolik und Herrschaft im Mittelalter, Darmstadt 2003

ALTHOFF, GERD, Inszenierte Herrschaft. Geschichtsschreibung und politisches Handeln im Mittelalter, Darmstadt 2003

AM VORABEND DER KAISERKRÖNUNG. Das Epos »Karolus Magnus et Leo papa« und der Papstbesuch in Paderborn 799 (Hg.: Peter Godman, Jörg Jarnut und Peter Johanek), Berlin 2002

ANGENENDT, ARNOLD, Credo. Die Taufe als Sakrament des Glaubens in der Mission, in: Credo. Christianisierung Europas im Mittelalter (Hg.: Christoph Stiegemann, Martin Kroker und Wolfgang Walter), Bd. I: Essays, Petersberg 2013, S. 53–66

ANNALES STADENSES AUCTORE ALBERTO (Hg.: Johann Martin Lappenberg), in: Monumenta Germaniae Historica, Scriptores (in Folio) 16 (= Annales aevi Suevici), Hannover 1859, S. 271–379

ANTON, HANS HUBERT, Fürstenspiegel des frühen und hohen Mittelalters, Darmstadt 2006

ARNULF, ARWED, Architektur- und Kunstbeschreibungen von der Antike bis zum 16. Jahrhundert, Berlin 2004

AUBERGER, JANICK, Quand la nage devint natation..., in: Latomus. Revue d'Études Latines 55, 1996, S. 48–62

AUSBÜTTEL, FRANK M., Theoderich der Große, Darmstadt 2003

AUSONIUS, D. MAGNUS, Mosella. Bissula. Briefwechsel mit Paulinus Nolanus (Hg. und Übers.: Paul Dräger), Düsseldorf und Zürich 2002

BABICH, BABETTE, Die Naturgeschichte der griechischen Bronze, 2008 (http://fordham.bepress.com/phil_babich/1) [30.11.2013]

BACHRACH, BERNARD S., Early Carolingian Warfare. Prelude to Empire, Philadelphia 2001

BACHRACH, BERNARD S., Charlemagne's Military Responsibilities, in: Am Vorabend der Kaiserkrönung. Das Epos »Karolus Magnus et Leo papa« und der Papstbesuch in Paderborn 799 (Hg.: Peter Godman, Jörg Jarnut und Peter Johanek), Berlin 2002, S. 231–255

BANASZKIEWICZ, JACEK, Ein Ritter flieht oder

wie Kaiser Otto II. sich vom Schlachtfeld bei Cotrone rettete, in: Frühmittelalterliche Studien 40, 2006, S.145-165

BARGMANN, LEILA, Der Tod Friedrichs I. im Spiegel der Quellenüberlieferung, in: Concilium medii aevi 13, 2010, S.223-249

BAYER, CLEMENS M. M., Die karolingische Bauinschrift des Aachener Domes, in: Der verschleierte Karl. Karl der Große zwischen Mythos und Wirklichkeit (Hg.: Max Kerner), Aachen 1999, S.445-452

BECHER, MATTHIAS, Gewaltmission. Karl der Große und die Sachsen, in: Credo. Christianisierung Europas im Mittelalter (Hg.: Christoph Stiegemann, Martin Kroker und Wolfgang Walter), Bd. I: Essays, Petersberg 2013, S.321-329

BEDE, The Ecclesiastical History of the English People. The Greater Chronicle. Bede's Letter to Egbert (Hg.: Judith McCulre und Roger Collins), Oxford 2008

BEER, ELLEN JUDITH, Überlegungen zu Stil und Herkunft des Berner Prudentius-Codex 264, in: Florilegium Sangallense. Festschrift für Johannes Duft zum 65. Geburtstag, St. Gallen und Sigmaringen 1980, S.15-70

BEER, ELLEN JUDITH, Marginalien zum Thema Goldgrund, in: Zeitschrift für Kunstgeschichte 46, 1983, Nr. 3, S. 271-286

BEIERWALTES, WERNER, Negati Affirmatio: Welt als Metapher. Zur Grundlegung einer mittelalterlichen Ästhetik durch Johannes Eriugena, in: Philosophisches Jahrbuch 83, 1976, S.237-265

BEIERWALTES, WERNER, Marginalien zu Eriugenas »Platonismus«, in: Platonismus und Christentum. Festschrift für Heinrich Dörrie (Hg.: Horst-Dieter Blume und Friedhelm Mann), Münster 1983, S.64-74

BEISSEL, STEPHAN, Die Wölfin des Aachener Münsters, in: Zeitschrift des Aachener Geschichtsvereins 12, 1890, S.317-320

BELL, WOLF J., Politik - Als Mao im Yangtse baden ging, in: Bonner General-Anzeiger, 31.12.1999 (http://www.general-anzeiger-bonn.de/news/archiv/jahresrückblicke...[30.11.2013]).

BELTING, HANS, Der Einhardsbogen, in: Zeitschrift für Kunstgeschichte 36, 1973, Nrn. 2/3, S.93-121

BENNETT, JANE, Vibrant Matter. A Political Ecology of Things, Durham und London 2010

BERGDOLT, KLAUS, Das Auge und die Theologie. Naturwissenschaften und »Perspectiva« an der päpstlichen Kurie in Viterbo (= Nordrhein-Westfälische Akademie der Wissenschaften. Vorträge, G 413), Paderborn u. a. 2007

BERSCHIN, WALTER, Biographie und Epochenstil im lateinischen Mittelalter, Bd. III: Karolingische Biographie 750-920 n. Chr., Stuttgart 1991

BEUTLER, CHRISTIAN, Bildwerke zwischen Antike und Mittelalter, Düsseldorf 1964

BEUTLER, CHRISTIAN, Statua. Die Entstehung der nachantiken Statue und der europäische Individualismus, München 1982

BINDING, GÜNTHER, Der früh- und hochmittelalterliche Bauherr als *Sapiens Architectus*, Köln 1996

BLOCH, MARC, Les Rois Thaumaturges, Paris 1983 [1924]

BOCK, CORNELIUS PETER, Die Reiterstatue des Ostgothenkönigs Theoderich vor dem Palaste Karls d. Gr. zu Aachen, in: Jahrbücher des Vereins von Alterthumsfreunden im Rheinlande 5/6, 1844, S.1-160

BOEHM, GOTTFRIED, Der Grund. Über das ikonische Kontinuum, in: Der Grund. Das Feld des Sehens (Hg.: Gottfried Boehm und Matteo Burioni), München 2012, S.28-92

BÖHMER, JOHANN FRIEDRICH, Regesta Imperii, Bd. IV, Zweite Abteilung: Die Regesten des Kaiserreichs unter Friedrich I.1152 (1122)-1190, 4. Lieferung 1181-1190, Neubearbeitung: Ferdinand Opll, Wien, Köln und Weimar 2011

BÖHNER, KURT, DETLEV ELLMERS UND KURT WEIDEMANN, Das frühe Mittelalter, Mainz 1980 (2. Aufl.)

BORGOLTE, MICHAEL, Der Gesandtenaustausch der Karolinger mit den Abbasiden und mit den Patriarchen von Jerusalem, München 1976

BORGOLTE, MICHAEL, Wie Europa seine Vielfalt fand. Über die mittelalterlichen Wurzeln für die Pluralität der Werte, in: Die kulturellen Werte Europas (Hg.: Hans Joas und Klaus Wiegandt), Frankfurt am Main 2005, S.117-163

BORGOLTE, MICHAEL, Christen, Juden, Muselmanen. Die Erben der Antike und der

Aufstieg des Abendlandes 300 bis 1400 n.Chr., München 2006
Bös, Gunther, Curiositas. Die Rezeption eines antiken Begriffs durch christliche Autoren bis Thomas von Aquin, Paderborn u.a.1995
Bradley, Ritamary, Backgrounds of the Title Speculum in Medieval Literature, in: Speculum 29, 1954, Nr.1, S.100–115
Brall-Tuchel, Helmut, Frömmigkeit und Herrschaft, Wonne und Weg. Landschaften in der Literatur des Mittelalters, in: »Landschaft« im Mittelalter? – Augenschein und Literatur (Hg.: Jens Pfeiffer) (= Das Mittelalter. Perspektiven mediävistischer Forschung 16, 2011, Nr.1), S.104–130
Braunfels, Wolfgang, Die Welt der Karolinger und ihre Kunst, München 1968
Bredekamp, Horst, Götterdämmerung des Neuplatonismus, in: Kritische Berichte 14, 1986, Nr.4, S.39–48
Bredekamp, Horst, Götterdämmerung des Neuplatonismus, in: Die Lesbarkeit der Kunst. Zur Geistes-Gegenwart der Ikonologie (Hg.: Andreas Beyer), Berlin 1992, S.75–83
Bredekamp, Horst, Albertis Flug- und Flammenauge, in: Die Beschwörung des Kosmos. Europäische Bronzen der Renaissance (Hg.: Christoph Brockhaus und Gottlieb Leinz), Ausstellungskatalog Duisburg 1994, S.297–302
Bredekamp, Horst, Die Stabilität des Instabilen in der Hypnerotomachia Poliphili, in: Ars et scriptura. Festschrift für Rudolf Preimesberger zum 65. Geburtstag (Hg.: Hannah Baader, Ulrike Müller Hofstede, Kristine Patz und Nicola Suthor), Berlin 2001, S.17–34
Bredekamp, Horst, Theorie des Bildakts. Frankfurter Adorno-Vorlesungen 2007, Berlin 2010
Bredekamp, Horst, Thomas Hobbes. Der Leviathan. Das Urbild des modernen Staates und seine Gegenbilder.1651–2001, Berlin 2012 (4. Aufl.)
Büchsel, Martin, Das Christusporträt am Scheideweg des Ikonoklastenstreits im 8. und 9.Jahrhundert, in: Marburger Jahrbuch für Kunstwissenschaft 25, 1998, S.7–52
Bühl, Gudrun und Hiltrud Jehle, Des Kaisers altes Zepter – des Kaisers neuer Kamm, in: Jahrbuch Preußischer Kulturbesitz 39, 2002, S.289–306
Bullough, Donald, Karl der Große und seine Zeit, Wiesbaden 1966
Cameron, Alan, Circus factions. Blues and Greens at Rome and Byzantium, Oxford 1976
Capitulare Aquisgranense (Hg.: Alfred Boretius), in: Monumenta Germaniae Historica, Leges. Capitularia regum Francorum 1, Hannover 1883, S.170–172
Capitulatio de partibus Saxoniae (Hg.: Claudius von Schwerin), in: Monumenta Germaniae Historica, Leges. Fontes iuris Germanici antiqui in usum scholarum separatim editi 4 (= Leges Saxonum und Lex Thuringorum), Hannover und Leipzig 1918, S.37–44
Carruba, Anna Maria, Lupa Capitolina. Un Bronzo Medievale, Rom 2006
Catoni, Maria Luisa, Schemata. Communicazione non verbale nella Grecia antica, Pisa 2005
Ceccarelli, Filippo, Grillo e la sfida politica per mare da Mao al Duce la nuotata del leader, in: La Repubblica, 9.10.2012 (www.repubblica.it/politica/2012/10/09/news/grillo_traversata_stretto-44149690) [26.9.2013]
Chang, Jung und Jon Halliday, Mao. Das Leben eines Mannes. Das Schicksal eines Volkes, München 2007
Charlemagne et les objets. Des thésaurisations carolingiennes aux constructions mémorielles (Hg.: Philippe Cordez), Bern u.a. 2012
Claussen, Peter Cornelius, Kompensation und Innovation. Zur Denkmalproblematik im 13.Jahrhundert am Beispiel der Reitermonumente in Magdeburg und Bamberg, in: Studien zur Geschichte der europäischen Skulptur im 12./13.Jahrhundert (Hg.: Herbert Beck und Kerstin Hengevoss-Dürkop), Frankfurt am Main 1994, S.565–586
Clemens, Lukas, Tempore Romanorum constructa. Zur Nutzung und Wahrnehmung antiker Überreste nördlich der Alpen während des Mittelalters, Stuttgart 2003
Codex Carolinus (Hg.: Wilhelm Gund-

lach), in: Monumenta Germaniae Historica, Epistolae (in Quart) 3 (= Epistolae Karolini aevi I), Berlin 1892, S. 469–657

COUPLAND, SIMON, Charlemagne's Coinage: Ideology and Economy, in: Charlemagne. Empire and Society (Hg.: Joanna Story), Manchester und New York 2005, S. 211–229

CREDO. Christianisierung Europas im Mittelalter (Hg.: Christoph Stiegemann, Martin Kroker und Wolfgang Walter), Bd. I: Essays, Bd. II: Katalog, Petersberg 2013

CRIVELLO, FABRIZIO, Tuotilo: L'artista in età carolingia, in: Artifex bonus. Il mondo dell'artista medievale (Hg.: Enrico Castelnuovo), Rom 2004, S. 26–34

CUFFEL, ALEXANDRA, Polemicizing Women's Bathing among Medieval and Early Modern Muslims and Christians, in: The Nature and Function of Water, Baths, Bathing, and Hygiene from Antiquity through the Renaissance (Hg.: Cynthia Kosso und Anne Scott), Leiden und Boston 2009, S. 171–188

CÜPPERS, HEINZ, Beiträge zur Geschichte des römischen Kur- und Badeortes Aachen, in: Aquae Granni. Beiträge zur Archäologie von Aachen, Köln 1982 (= Rheinische Ausgrabungen 22), S. 1–75

CUTLER, ANTHONY, Barberiniana. Notes on the Making, Content, and Provenance of Louvre, OA, 9063, in: Tesserae. Festschrift für Josef Engemann (Hg.: Ernst Dassmann und Klaus Thraede), (= Jahrbuch für Antike und Christentum, Ergänzungsbd. 18), Münster 1993, S. 329–339

DÄNTL, ALOIS, Walahfrid Strabos Widmungsgedicht an die Kaiserin Judith und die Theoderichstatue vor der Kaiserpfalz zu Aachen, in: Zeitschrift des Aachener Geschichtsvereins 52, 1930, S. 1–38

DAS BUCH DER WELT. Kommentar und Edition zur »Sächsischen Weltchronik«. Ms. Memb. I 90. Forschungs- und Landesbibliothek Gotha (Hg.: Hubert Herkommer), Luzern 2000

DAS ROLANDSLIED DES PFAFFEN KONRAD, Mittelhochdeutsch / Neuhochdeutsch (Hg. und Übers.: Dieter Kartschoke), Stuttgart 1993

DE CONVERSIONE SAXONUM CARMEN (Hg.: Ernst Dümmler), in: Monumenta Germaniae Historica, Antiquitates. Poetae Latini medii aevi 1 (= Poetae Latini aevi Carolini I), Berlin 1881, S. 380f.

DEHIO, GEORG, Die angebliche Theoderichstatue zu Aachen, in: Jahrbücher für Kunstwissenschaft 5, 1872, S. 176–186

DELBRÜCK, HANS, Geschichte der Kriegskunst im Rahmen der politischen Geschichte. Dritter Teil. Das Mittelalter, Berlin 1923

DEUTSCHE BIOGRAPHISCHE ENZYKLOPÄDIE (Hg.: Walther Killy und Rudolf Vierhaus), Bd. 1–10, München 2001

DIE KAROLINGISCHE PFALZKAPELLE IN AACHEN. Material, Bautechnik, Restaurierung (Hg.: Andrea Pufke), Worms 2012

DIE REICHSANNALEN, in: Quellen zur karolingischen Reichsgeschichte. Erster Teil (Hg.: Reinhold Rau), (= Ausgewählte Quellen zur deutschen Geschichte des Mittelalters. Freiherr vom Stein-Gedächtnisausgabe 5), Darmstadt 1968 [1955], S. 9–155

DIE ZEIT KARLS DES GROSSEN IN DER SCHWEIZ (Hg.: Markus Riek, Jürg Goll und Georges Descoeudres), Sulgen 2013

DIETERICH, BARBARA, Das wirkmächtige Bild Karls des Grossen. Überlieferungen zur Rezeption eines Herrscherbildes, in: Die Zeit Karls des Grossen in der Schweiz (Hg.: Markus Riek, Jürg Goll und Georges Descoeudres), Sulgen 2013, S. 30–37

DREWS, WOLFRAM, Die Karolinger und die Abbasiden von Bagdad. Legitimationsstrategien frühmittelalterlicher Herrscherdynastien im transkulturellen Vergleich, Berlin 2009

DÜFFEL, JOHN VON, Schwimmen – eine Kulturgeschichte, München 2003

DUFT, JOHANNES UND RUDOLF SCHNYDER, Die Elfenbein-Einbände der Stiftsbibliothek St. Gallen, Beuron 1984

DUTTON, PAUL EDWARD, Charlemagne's Mustache and other Cultural Clusters of a Dark Age, New York und Houndmills 2004

EGGENBERGER, CHRISTOPH, Finessen der Schnitzkunst. Die karolingischen Elfenbeine in der Schweiz, in: Die Zeit Karls des Grossen in der Schweiz (Hg.: Markus Riek, Jürg Goll und Georges Descoeudres), Sulgen 2013, S. 202–211

EGGENBERGER, CHRISTOPH, Gold und Silber

auf Pergament. Buchmalerei zur Zeit der Karolinger, in: Die Zeit Karls des Grossen in der Schweiz (Hg.: Markus Riek, Jürg Goll und Georges Descoeudres), Sulgen 2013, S. 234-245

EICKHOFF, EKKEHARD, Friedrich Barbarossa im Orient. Kreuzzug und Tod Friedrichs I., Tübingen 1977

EINHARD, Vita Karoli Magni. Das Leben Karls des Großen. Lateinisch/Deutsch (Übers.: Evelyn Scherabon Firchow), Stuttgart 2010

EINHARDI VITA KAROLI MAGNI (Hg.: Oswald Holder-Egger), (Monumenta Germaniae Historica, Scriptores rerum Germanicarum in usum scholarum separatim editi 25), Hannover 1911

ELBERN, VICTOR H., Rezension: Christian Beutler, Bildwerke zwischen Antike und Mittelalter. Unbekannte Skulpturen aus der Zeit Karls des Großen, Düsseldorf 1964, in: Zeitschrift für Kunstgeschichte 28, 1965, S. 261-269

ELBERN, VICTOR H., Einhard und die karolingische Goldschmiedekunst, in: Einhard. Studien zu Leben und Werk. Dem Gedenken an Helmut Beumann gewidmet (Hg.: Hermann Schefers), Darmstadt 1997, S. 155-178

EPISTOLAE VARIORUM CAROLO MAGNO REGNANTE SCRIPTAE, in: Monumenta Germaniae Historica, Epistolae (in Quart) 4 (= Epistolae Karolini aevi II), (Hg.: Ernst Dümmler u.a.), Hannover 1895, S. 494-567

EPP, VERENA, 499-799: Von Theoderich dem Großen zu Karl dem Großen, in: Am Vorabend der Kaiserkrönung. Das Epos »Karolus Magnus et Leo papa« und der Papstbesuch in Paderborn 799 (Hg.: Peter Godman, Jörg Jarnut und Peter Johanek), Berlin 2002, S. 219-229

ERIUGENA, JOHANNES SCOTUS, Carmina (Hg.: Ludwig Traube), in: Monumenta Germaniae Historica, Antiquitates. Poetae Latini medii aevi 3 (= Poetae Latini aevi Carolini III), Berlin 1896, S. 518-556

ERIUGENA, JOHANNES SCOTUS, Über die Einteilung der Natur (Übers.: Ludwig Noack), Hamburg 1983

ERIUGENA, JOHANNES SCOTUS, Die Stimme des Adlers. Homilie zum Prolog des Johannesevangeliums. Übertragen und ausführlich kommentiert von Christopher Bamford, Zürich 2006

ERKENS, FRANZ-REINER, Karolus Magnus – Pater Europae? Methodische und historische Problematik, in: Kunst und Kultur der Karolingerzeit. Karl der Große und Papst Leo III. in Paderborn (Hg.: Christoph Stiegemann und Matthias Wemhoff), Katalog der Ausstellung Paderborn 1999, 2 Bde., Mainz 1999, Bd. 1, S. 2-9

ERLER, ADALBERT, Lupa, Lex und Reiterstandbild im mittelalterlichen Rom. Eine rechtsgeschichtliche Studie, Wiesbaden 1972

ERMOLDUS NIGELLUS, Lobgedicht auf Kaiser Ludwig und Elegien an König Pippin, Berlin 1856

ERMOLDUS NIGELLUS, In honorem Hludowici christianissimi Caesaris Augusti Ermoldi Nigelli exulis elegiacum carmen (Hg.: Ernst Dümmler), in: Monumenta Germaniae Historica, Antiquitates. Poetae Latini medii aevi 2 (= Poetae Latini aevi Carolini II), Berlin 1884, S. 5-79

EUW, ANTON VON, Ikonologie der Heiratsurkunde der Kaiserin Theophanu, in: Kaiserin Theophanu. Begegnung des Ostens und des Westens um die Wende des ersten Jahrtausends, Ausstellungskatalog, 2 Bde., Köln 1991, Bd. II, S. 175-191

EUW, ANTON VON, Alkuin als Lehrer der Komputistik und Rhetorik, in: Alkuin von York und die geistige Grundlegung Europas. Akten der Tagung vom 30. September bis zum 2. Oktober 2004 in der Stiftsbibliothek St. Gallen (Hg.: Ernst Tremp und Karl Schmuki), St. Gallen 2010, S. 251-262

EX ORIENTE. Isaak und der weiße Elefant. Eine Reise durch drei Kulturen um 800 und heute (Hg.: Wolfgang Dreßen, Georg Minkenberg und Adam C. Oellers), Bd. III: Aachen – der Westen, Katalogbuch, Aachen 2003

EX VETUSTIS ANNALIBUS NORDHUMBRANIS (Hg.: Reinhold Pauly), in: Monumenta Germaniae Historica, Scriptores (in Folio) 13 (= Supplementa tomorum I-XII, pars I), Hannover 1881, S. 154-156

FAIRBANK, JOHN K., Geschichte des modernen China 1800-1985, München 1989

FALKENSTEIN, LUDWIG, Charlemagne et Aix-la-Chapelle, in: Byzantion 61, 1991, Nr. 1, S. 231-289

FALKENSTEIN, LUDWIG, Pfalz und *vicus* Aachen, in: Orte der Herrschaft. Mittelalterliche Königspfalzen (Hg.: Caspar Ehlers), Göttingen 2002, S. 131-181

FEHRENBACH, FRANK, Licht und Wasser. Zur Dynamik naturphilosophischer Leitbilder im Werk Leonardo da Vincis, Tübingen 1997

FENSKE, LUTZ, Jagd und Jäger im früheren Mittelalter. Aspekte ihres Verhältnisses, in: Jagd und höfische Kultur im Mittelalter (Hg.: Werner Rösener), Göttingen 1997, S. 29-93

FISCHER, JÜRGEN, Oriens – Occidens – Europa. Begriff und Gedanke »Europa« in der späten Antike und im frühen Mittelalter, Wiesbaden 1957

FLECKENSTEIN, JOSEF, Karl der Große und sein Hof, in: Karl der Große. Lebenswerk und Nachleben, Bd. 1: Persönlichkeit und Geschichte (Hg.: Helmut Beumann), Düsseldorf 1965, S. 24-50

FORMIGLI, EDILBERTO, La Lupa Capitolina. Un antico monumento cade dal suo piedestallo e torna a nuova vita, in: Mitteilungen des Deutschen Archäologischen Instituts. Römische Abteilung 118, 2012, S. 505-530

FRIED, JOHANNES, Der karolingische Herrschaftsverband im 9. Jahrhundert zwischen »Kirche« und »Königshaus«, in: Historische Zeitschrift 235, 1982, S. 3-43

FRIED, JOHANNES, Papst Leo III. besucht Karl den Großen in Paderborn oder Einhards Schweigen, in: Historische Zeitschrift 272, 2001, S. 281-326

FRIED, JOHANNES, Die Rückkehr der Wölfin. Hypothesen zur LUPA CAPITOLINA im Mittelalter, in: Maria Radnoti-Alföldi, Edilberto Formigli und Johannes Fried, Die römische Wölfin. Ein antikes Monument stürzt von seinem Sockel, Stuttgart 2011, S. 107-157

FRIED, JOHANNES, Karl der Große. Gewalt und Glaube. Eine Biographie, München 2013

FROTHARII EPISCOPI TULLENSIS EPISTOLAE (Hg.: Karl Hampe), in: Monumenta Germaniae Historica, Epistolae (in Quart) 5 (= Epistolae Karolini aevi III), Berlin 1899, S. 275-298

FRUGONI, CHIARA, L'antichità: dai Mirabilia alla propaganda politica, in: Memoria dell'antico nell'arte italiana (Hg.: Salvatore Settis), Bd. I: L'uso dei classici, Turin 1984, S. 3-72

GANSHOF, FRANÇOIS L., Karl der Große und sein Vermächtnis, in: Karl der Große. Werden und Wirkung, Ausstellungskatalog, Aachen 1965, S. 1-8

GANZ, DAVID, Einhard's Charlemagne: The Characterization of Greatness, in: Charlemagne. Empire and Society (Hg.: Joanna Story), Manchester und New York 2005, S. 38-51

GANZ, DAVID, Im Revier des Bären. Die Schreibtafeln Karls des Großen und die Buchhülle Tuotilos, in: Charlemagne et les objets. Des thésaurisations carolingiennes aux constructions mémorielles (Hg.: Philippe Cordez), Bern u.a. 2012, S. 87-114

GARIPZANOV, ILDAR H., Metamorphoses of the early medieval *signum* of a ruler in the Carolingian world, in: Early Medieval Europe 14, 2006, Nr. 4, S. 419-464

GARZONI, TOMASO, La Piazza Universale di tutte le Professioni del Mondo (Hg.: Giovanni Battista Bronzini), Bd. II, Florenz 1996

GESCHICHTE DER BILDENDEN KUNST IN DEUTSCHLAND, Bd. 1: Karolingische und ottonische Kunst (Hg.: Bruno Reudenbach), München u.a. 2009

GHATTAS, KAI CHRISTIAN, Der Rhythmus der Bilder. Narrative Strategien in Text- und Bildzeugnissen des 11. bis 13. Jahrhunderts, Köln, Weimar und Wien 2009

GIESLER, JOCHEN, Grabstele von Niederdollendorf, in: 100 Bilder und Objekte. Archäologie und Kunst im Rheinischen Landesmuseum Bonn (Hg.: Frank Günter Zehnder), Köln 1999, S. 111-113

GISLEBERTI CHRONICON HANONIENSE (Hg.: Wilhelm Arndt), in: Monumenta Germaniae Historica, Scriptores (in Folio) 21 (= Historici Germaniae saec. XII), Hannover 1869, S. 481-601

GODMAN, PETER, Poets and Emperors. Frankish Politics and Carolingian Poetry, Oxford 1987

GOETZ, HANS-WERNER, Der Dynastiewechsel von 751 im Spiegel der früh- und hochmittelalterlichen Geschichtsschreibung, in: Der Dynastiewechsel von 751. Vorgeschichte, Legitimationsstrategien und Erinnerung (Hg.: Matthias Becher und Jörg Jarnut), Münster 2004, S. 321–367

GÖRICH, KNUT, Friedrich Barbarossa. Eine Biographie, München 2011

GÖRICH, KNUT, Karl der Große – ein ›politischer Heiliger‹ im 12. Jahrhundert?, in: Religion und Politik im Mittelalter (Hg.: Ludger Körntgen und Dominik Waßenhoven), Berlin und Boston 2013, S. 117–155

GOLL, JÜRG, Stuck in Müstair, in: Die Zeit Karls des Grossen in der Schweiz (Hg.: Markus Riek, Jürg Goll und Georges Descoeudres), Sulgen 2013, S. 154–157

GOUÉDO-THOMAS, CATHERINE, Natation et Joutes Nautiques à travers l'Iconographie des Manuscripts à Peintures (XIIIe-XVIe siècles), in: Jeux, Sports et Divertissements au Moyen Âge et à l'Âge Classique, Paris 1993, S. 157–173

GRAMACCINI, NORBERTO, Die karolingischen Großbronzen. Brüche und Kontinuitäten in der Werkstoffikonographie, in: Anzeiger des Germanischen Nationalmuseums und Bericht aus dem Forschungsinstitut für Realienkunde, 1995, S. 130–140

GRAMACCINI, NORBERTO, Mirabilia. Das Nachleben antiker Statuen vor der Renaissance, Mainz 1996

GRIMM, HERMANN, Das Reiterstandbild des Theoderich zu Aachen und das Gedicht des Walafried Strabus darauf, Berlin 1869

GRIMME, ERNST GÜNTHER, Bronzebildwerke des Mittelalters, Darmstadt 1985

GRIMME, ERNST GÜNTHER, Der Dom zu Aachen. Architektur und Ausstattung, Aachen 1994

GROLLE, JOIST, Percy Ernst Schramm – Fritz Saxl. Die Geschichte einer zerbrochenen Freundschaft, in: Aby Warburg. Akten des internationalen Symposions Hamburg 1990 (Hg.: Horst Bredekamp, Michael Diers und Charlotte Schoell-Glass), Weinheim 1991, S. 95–114

GUMBRECHT, HANS ULRICH, Lob des Sports (Übers.: Georg Deggerich), Frankfurt am Main 2005

HABERMAS, JÜRGEN, Strukturwandel der Öffentlichkeit, Neuwied 1969 (4. Aufl.)

HACK, ACHIM THOMAS, Das Empfangszeremoniell bei mittelalterlichen Papst-Kaiser-Treffen, Köln, Weimar und Wien 1999

HACK, ACHIM THOMAS, Karl der Große hoch zu Ross. Zur Geschichte einer (historisch falschen) Bildtradition, in: Francia 35, 2008, S. 349–379

HACK, ACHIM THOMAS, Abul Abaz. Zur Biographie eines Elefanten, Badenweiler 2011

HÄGERMANN, DIETER, Karl der Große. Herrscher des Abendlandes, Berlin 2003

HALTERN, ULRICH, Obamas politischer Körper, Berlin 2009

HAMMER, CARL I., Recycling Rome and Ravenna. Two Studies in Early-Medieval Reuse, in: Saeculum. Jahrbuch für Universalgeschichte 56, 2005, S. 295–325

HAMPE, KARL, Eine Schilderung des Sommeraufenthaltes der römischen Kurie unter Innocenz III. in Subiaco 1202, in: Historische Vierteljahrschrift 8, 1905, S. 509–535

HARDT, MATTHIAS, Gold und Herrschaft. Die Schätze europäischer Könige und Fürsten im ersten Jahrtausend, Berlin 2004

HARTMANN, WILFRIED, Karl der Große, Stuttgart 2010

HAUCK, KARL, Tiergärten im Pfalzbereich, in: Deutsche Königspfalzen. Beiträge zu ihrer historischen und archäologischen Erforschung, Bd. 1, Göttingen 1963, S. 30–74

HAUSMANN, REGINA, Die theologischen Handschriften der hessischen Landesbibliothek Fulda bis zum Jahr 1600, Wiesbaden 1992

HECHBERGER, WERNER, Adel im fränkisch-deutschen Mittelalter. Zur Anatomie eines Forschungsproblems, Ostfildern 2005

HECKNER, ULRIKE, Der Tempel Salomos in Aachen – Datierung und geometrischer Entwurf der karolingischen Pfalzkapelle, in: Die karolingische Pfalzkapelle in Aachen. Material, Bautechnik, Restaurierung (Hg.: Andrea Pufke), Worms 2012, S. 25–62

HECKNER, ULRIKE UND CHRISTOPH SCHAAB, Baumaterial, Bautechnik und Bauausführung der Aachener Pfalzkapelle, in: Die karolingische Pfalzkapelle in Aachen. Material, Bautechnik, Restaurierung (Hg.: Andrea Pufke), Worms 2012, S. 117–228

HEILMANN, WILLIBALD, Das Gewicht der Macht. Zum Fortwirken römischer Traditionen in Einhards Vita Karoli Magni, in: Antike und Abendland 43, 1997, Nr. 1, S. 145-157

HEILMEYER, WOLF-DIETER, Rezension von: Maria Radnoti-Alföldi, Edilberto Formigli und Johannes Fried, Die römische Wölfin. Ein antikes Monument stürzt von seinem Sockel, Stuttgart 2011, in: Bonner Jahrbücher, Bde. 210/211, 2010/2011, S. 646-649

HEINRICHS, JOHANNES, Der Raum in vorrömischer Zeit (ca. 22-1 v. Chr.), in: Römisches Aachen. Archäologisch-historische Aspekte zu Aachen und der Euregio (Hg.: Raban von Haehling und Andreas Schaub), Regensburg 2013, S. 13-96

HEITO UND WALAHFRID STRABO. Visio Wettini. Einführung. Lateinisch-deutsche Ausgabe und Erläuterungen von Hermann Knittel. Mit einem Geleitwort von Walter Berschin, Heidelberg 2004

HELLMANN, SIEGMUND, Einhards literarische Stellung, in: ders., Ausgewählte Abhandlungen zur Historiographie und Geistesgeschichte des Mittelalters (Hg.: Helmut Beumann), Weimar 1961 [1932], S. 159-229

HENGST, KARL, Die Ereignisse der Jahre 777/778 und 782. Archäologie und Schriftüberlieferung, in: Am Vorabend der Kaiserkrönung. Das Epos »Karolus Magnus et Leo papa« und der Papstbesuch in Paderborn 799 (Hg.: Peter Godman, Jörg Jarnut und Peter Johanek), Berlin 2002, S. 57-74

HERDING, OTTO, Zum Problem des Karolingischen »Humanismus«, in: Studium Generale 1, 1948, Nr. 7, S. 389-397

HERREN, MICHAEL W., Eriugena's »Aulae Sidereae«, the »Codex Aureus«, and the Palatine Church of St. Mary at Compiègne, in: Studi Medievali 28, 1987, Nr. 2, S. 593-608

HERREN, MICHAEL W., The »De imagine Tetrici« of Walahfrid Strabo: Edition and Translation, in: The Journal of Medieval Latin 1, 1991, S. 118-139

HERREN, MICHAEL W., Walahfrid Strabo's »De imagine Tetrici«: An interpretation, in: Latin Culture and Medieval Germanic Europe. Proceedings of the First *Germania Latina* Conference held at the University of Groningen, 26 May 1989 (Hg.: Richard North und Tette Hofstra), Groningen 1992, S. 25-40

HEUSCHKEL, GUNNAR, Zum Aachener Tiergehege zur Zeit Karls des Großen. Zum Aachener Wildbann aus drei literarischen Quellen, in: Ex Oriente. Isaak und der weiße Elefant. Eine Reise durch drei Kulturen um 800 und heute (Hg.: Wolfgang Dreßen, Georg Minkenberg und Adam C. Oellers), Bd. III: Aachen – der Westen, Katalogbuch, Aachen 2003, S. 144-155

HEYDENREICH, LUDWIG H., Marc Aurel und Regisole, in: Festschrift für Erich Meyer zum sechzigsten Geburtstag, 29. Oktober 1957 (Hg.: Werner Gramberg), Hamburg 1959, S. 146-159

HIERONYMUS, SOPHRONIUS EUSEBIUS, in: Patrologia Latina, Bd. 25 (Hg.: Jacques Paul Migne), Paris 1845

HOFFMANN, HARTMUT, Die Aachener Theoderichstatue, in: Das erste Jahrtausend. Kultur und Kunst im werdenden Abendland an Rhein und Ruhr, Textbd. 1, Düsseldorf 1963, S. 318-335

HOGREBE, WOLFRAM, Philosophischer Surrealismus, Berlin 2014

HOMER, Ilias und Odyssee (Übers.: Heinrich Voss), Eltville 1980

HOMEYER, HELENE, Walahfrids Gedicht über das Theoderich-Denkmal in Aachen, in: Platonismus und Christentum. Festschrift für Heinrich Dörrie (Hg.: Horst-Dieter Blume und Friedhelm Mann), Münster 1983, S. 106-117

HRABANUS MAURUS, Commentariorum in Ecclesiasticum libri decem, in: Patrologia Latina, Bd. 109 (Hg.: Jacques Paul Migne), Paris 1852, col. 763-1126

HRABANUS MAURUS, De Rerum Naturis, in: Patrologia Latina, Bd. 111 (Hg.: Jacques Paul Migne), Paris 1864, col. 9-614

HRABANUS MAURUS, De Procinctu romanae Miliciae (Hg.: Ernst Dümmler), in: Zeitschrift für deutsches Alterthum 15, 1872, S. 443-451

HUDSON, ROGER, The Great Helmsman Goes Swimming, in: History Today 62, 2012, Nr. 5, S. 34

HUGOT, LEO, Die römischen Büchelthermen in Aachen, in: Bonner Jahrbuch 163, 1963, S. 188-197

HÜSMERT, ERNST, Die letzten Jahre des Carl Schmitt, in: Schmittiana I (Hg.: Piet Tommisse), Brüssel 1988, S. 40-54

IMHOF, MICHAEL UND CHRISTOPH WINTERER, Karl der Große. Leben und Wirkung, Kunst und Architektur, Petersberg 2013 (2. Aufl.)

INNES, MATTHEW, What Was Charlemagne's Government?, in: Charlemagne. Empire and Society (Hg.: Joanna Story), Manchester und New York 2005, S. 71-89

ISIDOR VON SEVILLA, Die Enzyklopädie des Isidor von Sevilla (Übers.: Lenelotte Möller), Wiesbaden 2008

JÄGGI, CAROLA, Spolien in Ravenna – Spolien aus Ravenna: Transformation einer Stadt von der Antike bis in die frühe Neuzeit, in: Perspektiven der Spolienforschung Bd. 1: Spoliierung und Transposition (Hg.: Stefan Altekamp, Carmen Marcks-Jacobs und Peter Seiler), Berlin und Boston 2013, S. 287-330

KACUNKO, SLAVKO, Spiegel – Medium – Kunst. Zur Geschichte des Spiegels im Zeitalter des Bildes, München 2010

KAEMMERER, WALTER, Die Aachener Pfalz Karls des Großen in Anlage und Überlieferung, in: Karl der Große. Lebenswerk und Nachleben, Bd. 1: Persönlichkeit und Geschichte (Hg.: Helmut Beumann), Düsseldorf 1965, S. 322-349

KAEMMERER, WALTER, Aachener Quellentexte, Aachen 1980

KANT, IMMANUEL, Kritik der reinen Vernunft (Hg.: Wilhelm Weischedel), 1, Werkausgabe, Bd. III, Frankfurt am Main 1977 (3. Aufl.)

KARL DER GROSSE. Werden und Wirkung, Ausstellungskatalog, Aachen 1965

KAROLUS MAGNUS ET LEO PAPA. Ein Paderborner Epos vom Jahre 799. Mit Beiträgen von Helmut Beumann, Franz Brunhölzl, Wilhelm Winkelmann, Paderborn 1966

KASTEN, BRIGITTE, Königssöhne und Königsherrschaft. Untersuchungen zur Teilhabe am Reich in der Merowinger- und Karolingerzeit, Hannover 1997

KAWERAU, PETER, Barbarossas Tod nach Imad ad-Din und Michael Syrus, in: Oriens Christianus 48, 1964, S. 135-142

KEEFE, SUSAN A., Water and the Word. Baptism and the Education of Clergy in the Carolingian Empire, 2 Bde., Notre Dame / Indiana 2002

KEMPSHALL, MATTHEW S., Some Ciceronian Models for Einhard's Life of Charlemagne, in: Viator. Medieval and Renaissance Studies 26, 1995, S. 11-37

KERTH, SONJA, »Den armen Iudas er gebildot« – Feindbilder im »Rolandslied« des Pfaffen Konrad und im »Willehalm« Wolframs von Eschenbach, in: Mitteilungen des Deutschen Germanistenverbandes 42, 1995, S. 32-37

KESSLER, HERBERT L., Speculum, in: Speculum 86, 2011, Nr. 1, S. 1-41

KISA, ANTON C., Die römischen Antiken in Aachen, in: Westdeutsche Zeitschrift 25, 1906, S. 1-83

KLAMT, JOHANN CHRISTIAN, Verführerische Ansichten. Mittelalterliche Darstellungen der Dritten Versuchung Christi, Regensburg 2011

KLUGE, BERND, Numismatik des Mittelalters, Bd. I, Handbuch und Thesaurus Nummorum Medii Aevi, Berlin und Wien 2007

KLÜNKER, JOHANNES, Scotus Eriugena. Denken im Gespräch mit dem Engel, Stuttgart 1988

KÖHLER, JENS, Aachen und die römischen Thermalbäder, in: Römisches Aachen. Archäologisch-historische Aspekte zu Aachen und der Euregio (Hg.: Raban von Haehling und Andreas Schaub), Regensburg 2013, S. 207-260

KÖLZER, THEO, Die letzten Merowingerkönige: rois fainéants?, in: Der Dynastiewechsel von 751. Vorgeschichte, Legitimationsstrategien und Erinnerung (Hg.: Matthias Becher und Jörg Jarnut), Münster 2004, S. 33-60

KRAFT, SIBYL, Ein Bilderbuch aus dem Königreich Sizilien. Kunsthistorische Studien zum »Liber ad honorem Augusti« des Petrus von Eboli (Codex 120 II der Burgerbibliothek Bern), Weimar u. a. 2006

KUNISCH, HERMANN, Das Wort ›Grund‹ in der Sprache der deutschen Mystik des 14. und 15. Jahrhunderts, Diss. (Münster), Osnabrück 1929

KUNST UND KULTUR DER KAROLINGERZEIT. Karl der Große und Papst Leo III. in Paderborn (Hg.: Christoph Stiegemann und Matthias Wemhoff), Katalog der Ausstel-

lung Paderborn 1999, 2 Bde., Mainz 1999
KÜNZL, ERNST, Die antike Bärin im Dom zu Aachen, Mainz 2003
LATOWSKY, ANNE A., Emperor of the World. Charlemagne and the Construction of Imperial Authority, 800–1229, Ithaca und London 2013
LAUDAGE, JOHANNES, Friedrich Barbarossa. Eine Biographie, Regensburg 2009
LE JAN, RÉGINE, Der Adel um 800: Verwandtschaft, Herrschaft, Treue, in: Am Vorabend der Kaiserkrönung. Das Epos »Karolus Magnus et Leo papa« und der Papstbesuch in Paderborn 799 (Hg.: Peter Godman, Jörg Jarnut und Peter Johanek), Berlin 2002, S. 257–268
LE TERME PUTEOLANE E SALERNO NEI CODICE MINIATI DI PIETRO DA EBOLI. Luoghi ed immagini a confronto, Austellungskatalog, Neapel 1995
LEX BAIWARIORUM (Hg.: Ernst von Schwind), (Monumenta Germaniae Historica, Leges nationum Germanicarum 5, 2), Hannover 1926.
LÖWE, HEINZ, Von Theoderich dem Großen zu Karl dem Großen, Darmstadt 1956
LUTZ, GERHARD, »Der dumpfe Geist erhebt sich zur Wahrheit durch das, was materiell ist«. Überlegungen zur Ikonographie der Bronze im Mittelalter, in: Bild und Bestie. Hildesheimer Bronzen der Stauferzeit, Ausstellungskatalog (Hg.: Michael Brandt), Hildesheim 2008, S. 17–28
MALLINCKRODT, REBEKKA VON, Oronzio de Bernardi und die Neubegründung der Schwimmkunst im 18. Jahrhundert, in: Bewegtes Leben. Körpertechniken in der Frühen Neuzeit (Hg.: dies.), Wiesbaden 2008, S. 231–245
MANISCALCO, FABIO, Il nuoto nel mondo Greco-Romano, Neapel 1995
MARKSCHIES, ALEXANDER, »Herrlicher als die Werke der Römer«. Der Aachener Dom als Paradigma frühmittelalterlicher Antikenrezeption, in: Die Präsenz der Antike in der Architektur (Hg.: Andreas Beyer und Andreas Tönnesmann), Colloquium Rauricum XII, Berlin 2014
MCCORMICK, MICHAEL, Charlemagne's Survey of the Holy Land. Wealth, Personnel, and Buildings of Mediterranean Church between Antiquity and the Middle Ages, Washington 2011
MCKITTERICK, ROSAMUNDE, Karl der Große, Darmstadt 2008
MEHL, ERWIN, Antike Schwimmkunst, München 1927
MEHL, ERWIN, Schwimmen, in: Paulys Real-Enzyklopädie der Classischen Altertumswissenschaft. Neue Berabeitung (Hg.: Wilhelm Kroll), Supplementband V, Stuttgart 1931, col. 847–864
MEHL, ERWIN, Antike Schwimmkunst und (antikes) Schwimmen, Wien 1941
MEIER, CHRISTIAN, Die griechisch-römische Tradition, in: Die kulturellen Werte Europas (Hg.: Hans Joas und Klaus Wiegandt), Frankfurt am Main 2005, S. 93–116
MENDE, URSULA, Die Bronzetüren des Mittelalters 800–1200, München 1994
MONUMENTA GERMANIAE SELECTA AB ANNO 768 USQUE AD ANNUM 1250 (Hg.: Michael Döberl), Bd. 4, München 1890
MÜLLER, HARALD, JUDITH LEY, FRANK POHLE UND ANDREAS SCHAUB, Pfalz und *vicus* Aachen in karolingischer Zeit, in: Aachen. Von den Anfängen bis zur Gegenwart (Hg.: Thomas R. Kraus), Bd. 2: Karolinger-Ottonen-Salier. 765–1137 (= Beihefte der Zeitschrift des Aachener Geschichtsvereins, Bd. 8), Aachen 2013, S. 1–408
MÜTHERICH, FLORENTINE, Der Agrimensoren-Codex in Rom, in: Aachener Kunstblätter 45, 1974, S. 59–74
MÜTHERICH, FLORENTINE UND JOACHIM E. GAEHDE, Karolingische Buchmalerei, München 1976
NELSON, JANET L., Aachen as a Place of Power, in: Topographies of Power in the Early Middle Ages (Hg.: Mayke de Jong und Frans Theuws mit Carine Van Rhijn), Leiden, Boston und Köln 2001, S. 217–237
NELSON, JANET L., Charlemagne – pater optimus?, in: Am Vorabend der Kaiserkrönung. Das Epos »Karolus Magnus et Leo papa« und der Papstbesuch in Paderborn 799 (Hg.: Peter Godman, Jörg Jarnut und Peter Johanek), Berlin 2002, S. 269–281
NESSELRATH, ARNOLD, L'orsa o cosidetta »lupa«, in: Carlo Magno a Roma, Ausstellungskatalog, Rom 2001, S. 103 f.
NIELSEN, INGE, Thermae et Balnea. The Architecture and Cultural History of Roman Public Baths, 2 Bde., Aarhus 1990

NOTKER BALBULUS, Taten Karls, in: Quellen zur Karolingischen Reichsgeschichte, Dritter Teil (Hg.: Reinhold Rau und Sören Kaschke) (= Ausgewählte Quellen zur deutschen Geschichte des Mittelalters. Freiherr vom Stein-Gedächtnisausgabe 7), Darmstadt 1992 [1960], S. 321-427

ÖNNERFORS, ALF, Philologisches zu Walahfrid Strabo, in: Mittellateinisches Jahrbuch 7, 1972, S. 41-92

OLBERG, GABRIELE VON, Die Bezeichnungen für soziale Stände, Schichten und Gruppen in den Leges barbarorum, Berlin und New York 1991

OPUS CAROLI REGIS CONTRA SYNODUM (Libri Carolini) (Hg.: Ann Freeman unter Mitwirkung von Paul Meyvaert) (= Monumenta Germaniae Historica, Leges. Concilia 2, Supplementbd. I), Hannover 1998

ORLOWSKI, TOMASZ H., La statue équestre de Limoges et le sacre de Charles l'Enfant. Contribution à l'étude de l'iconographie politique carolingienne, in: Cahiers de civilisation médiévale 30, 1987, Nr. 118, S. 131-144

ORME, NICHOLAS, Early British Swimming 55 BC - AD 1719. With the First Swimming Treatise in English, 1595, Exeter 1983

OVIDIUS NASO, PUBLIUS, Metamorphosen. Epos in 15 Büchern (Hg. und Übers.: Hermann Breitenbach), Zürich 1964

PADBERG, LUTZ E., Die Diskussion missionarischer Programme zur Zeit Karls des Großen, in: Am Vorabend der Kaiserkrönung. Das Epos »Karolus Magnus et Leo papa» und der Papstbesuch in Paderborn 799 (Hg.: Peter Godman, Jörg Jarnut und Peter Johanek), Berlin 2002, S. 125-143

PALAZZO, ÉRIC, Art, Liturgy and the Five Senses in the Early Middle Ages, in: Viator. Medieval und Renaissance Studies 41, 2010, S. 25-56

PANOFSKY, ERWIN, Sinn und Deutung in der bildenden Kunst, Köln 1975

PARAGONE ALS MITSTREIT (Hg.: Joris van Gastl, Yannis Hadjinicolaou und Markus Rath), Berlin 2013

PAREDIS-VROON, MONICA, Textilien zur Zeit Karls des Großen, in: Ex Oriente. Isaak und der weiße Elefant. Eine Reise durch drei Kulturen um 800 und heute (Hg.: Wolfgang Dreßen, Georg Minkenberg und Adam C. Oellers), Bd. III, Aachen - der Westen, Katalogbuch, Aachen 2003, S. 36-51

PASTOUREAU, MICHEL, L'ours. Histoire d'un roi déchu, Paris 2007 (englische Übersetzung: The Bear. History of a Fallen King, Cambridge u.a. 2011)

PATRUCCO, ROBERTO, Lo Sport nella Grecia Antica, Florenz 1972

PATZOLD, STEFFEN, Einhards erste Leser: Zu Kontext und Darstellungsabsicht der »Vita Karoli«, in: Viator. Medieval and Renaissance Studies 42, 2011, S. 33-56

PAULI HISTORIA LANGOBARDORUM, in: Monumenta Germaniae Historica, Scriptores rerum Langobardicarum et Italicarum (Hg.: Ludwig Bethmann und Georg Waitz), Hannover 1878, S. 12-192

PAWELEC, KATHARINA, Aachener Bronzegitter. Studien zur karolingischen Ornamentik um 800, Köln 1990

PETRUS ALFONSI, Die Disciplina Clericalis (das älteste Novellenbuch des Mittelalters) nach allen bekannten Handschriften (Hg.: Alfons Hilka und Werner Söderhjelm), Heidelberg 1911

PETRUS DE EBULO, De balneis puteolanis, 1301-1400, Bibliothèque nationale de France (http://gallica.bnf.fr/ark:/12148/btv1b6001045k.r=Carmen+elegiaccuntele giaccu+Puteolanis.langDE) [30.11.2013]

PIETRO DA EBOLI, Liber ad Honorem Augusti (Hg. und Übers.: Francesco de Rosa), Cassino 2000

PLATON, Werke in acht Bänden. Griechisch und Deutsch (Hg.: Gunther Eigler), Darmstadt 2005

PLINIUS D. Ä., Naturalis historia libri I-XXXVII (Hg. und Übers.: Roderich König in Zusammenarbeit mit Joachim Hopp), München 1973-1994

PLUMPE, JOSEPH C., Vivum saxum, vivi lapides. The Concept of »Living Stone« in Classical and Christian Antiquity, in: Traditio, Bd. I, 1943, S. 1-14

PLUTARCH, Vitae. Secundum codices parisinos recognovit Theod. Doehner, Bd. 1, Paris 1846

PLUTARCH, Römische Heldenleben. Fabius Maximus . Cato der Ältere . Die Gracchen . Marius . Sulla . Pompeius . Cäsar (Übers.: Wilhelm Ur), Leipzig 1943

PRINZ, WOLFGANG, Selbst im Spiegel, Berlin 2013

PRZYBILSKI, MARTIN, Ein Leib wie ein Fels, oder: Von der Schönheit des Blutvergießens. Gewalt und Ästhetik im Rolandslied des Pfaffen Konrad, in: Euphorion. Zeitschrift für Literaturgeschichte 101, 2007, S. 255-272

RAFF, THOMAS, Die Sprache der Materialien. Anleitung zu einer Ikonologie der Werkstoffe, Münster u.a. 2008

RAINER, THOMAS, Betrüger und Kunstdiplomaten. Mittelalterliche Künstlerkarrieren am Beispiel des Goldschmieds, in: Gold. Schatzkunst zwischen Bodensee und Chur (Hg.: Tobias G. Natter), Ostfildern 2008, S. 34-74

RAULFF, ULRICH, Ein Historiker im 20. Jahrhundert: Marc Bloch, Frankfurt am Main 1995

REUDENBACH, BRUNO, Das Godescalc-Evangelistar. Ein Buch für die Reformpolitik Karls des Großen, Frankfurt am Main 1998

REUDENBACH, BRUNO, Rectitudo als Projekt: Bildpolitik und Bildungsreform Karls des Großen, in: Artes im Mittelalter (Hg.: Ursula Schaefer), Berlin 1999, S. 283-308

RIEGL, ALOIS, Spätrömische Kunstindustrie (mit einem Nachwort von Wolfgang Kemp), Berlin 2000 [1901]

RÖMISCHES AACHEN. Archäologisch-historische Aspekte zu Aachen und der Euregio (Hg.: Raban von Haehling und Andreas Schaub), Regensburg 2013

ROHR, CHRISTIAN, Der Theoderich-Panegyricus des Ennodius, Hannover 1995

SAN ISIDORO DE SEVILLA, Etimologías (Hg.: José Oros Reta and Manuel-A. Marcos Casquero), Madrid 2004

SCHACHERL, LILIAN, Luxus des Lebens. Die »Très Riches Heures« des Herzogs von Berry, München und New York 1997

SCHALLER, DIETER, Das Aachener Epos für Karl den Kaiser, in: Frühmittelalterliche Studien 10, 1976, S. 134-168

SCHAUB, ANDREAS, Aachen in römischer Zeit aus archäologischer Sicht, in: Römisches Aachen. Archäologisch-historische Aspekte zu Aachen und der Euregio (Hg.: Raban von Haehling und Andreas Schaub), Regensburg 2013, S. 131-205

SCHAUB, ANDREAS, KLAUS SCHERBERICH, KARL LEO NOETHLICHS UND RABAN VON HAEHLING, Kelten, Römer, Merowinger, in: Aachen. Von den Anfängen bis zur Gegenwart, Bd. 1: Die natürlichen Grundlagen. Von der Vorgeschichte bis zu den Karolingern (Hg.: Thomas R. Kraus für die Stadt Aachen und den Aachener Geschichtsverein e.V.), Aachen 2011, S. 229-440

SCHERBERICH, KLAUS, Zur Suetonimitatio in Einhards *Vita Karoli Magni*, in: Eloquentia copiosus. Festschrift für Max Kerner zum 65. Geburtstag (Hg.: Lotte Kéry), Aachen 2006, S. 17-28

SCHIEFFER, RUDOLF, Die Karolinger, Stuttgart, Berlin und Köln 2006 (4. Aufl.)

SCHIEFFER, RUDOLF, Christianisierung Europas, in: Credo. Christianisierung Europas im Mittelalter (Hg.: Christoph Stiegemann, Martin Kroker und Wolfgang Walter), Bd. I: Essays, Petersberg 2013, S. 44-52

SCHLIEBEN, BARBARA, Neugier im Mittelalter, in: Historische Zeitschrift 296, 2013, S. 330-353

SCHLOSSER, JULIUS VON, Beiträge zur Kunstgeschichte aus den Schriftquellen des frühen Mittelalters, Dritter Abschnitt: Die Reiterstatue des Theoderich in Aachen, in: Sitzungsberichte der Kaiserlichen Akademie der Wissenschaften, Philosophisch-Historische Classe 123, 1891, S. 164-175

SCHMIDT, WILHELM, Das Reiterstandbild des ostgothischen Königs Theoderich in Ravenna und Aachen, in: Jahrbücher für Kunstwissenschaft 6, 1873, S. 1-51

SCHMITT, CARL, Land und Meer. Eine weltgeschichtliche Betrachtung, Stuttgart 2011 (11. Aufl.)

SCHNEIDER, OLAF, Die Königserhebung Pippins 751 in der Erinnerung der karolingischen Quellen: Die Glaubwürdigkeit der Reichsannalen und die Verformung der Vergangenheit, in: Der Dynastiewechsel von 751. Vorgeschichte, Legitimationsstrategien und Erinnerung (Hg.: Matthias Becher und Jörg Jarnut), Münster 2004, S. 243-275

SCHNEIDMÜLLER, BERND, Die mittelalterlichen Konstruktionen Europas. Konvergenz und Differenzierung, in: Veröffentlichungen des Instituts für europäische Geschichte in Mainz, Abteilung Universalgeschichte (Hg.: Heinz Duchhardt), Beiheft 42, Mainz 1997, S. 5-24

SCHNITZLER, HERMANN, Der Dom zu Aachen, Düsseldorf 1950

SCHOELL-GLASS, CHARLOTTE, Aby Warburg und der Antisemitismus. Kulturwissenschaft als Geistespolitik, Frankfurt am Main 1998

SCHÖNE, WOLFGANG, Über das Licht in der Malerei, Berlin 1979 [1951]

SCHRAMM, PERCY ERNST, Die Ordines der mittelalterlichen Kaiserkrönung. Ein Beitrag zur Geschichte des Kaisertums, in: Archiv für Urkundenforschung 11, 1930, S. 285-386

SCHRAMM, PERCY ERNST, Die Anerkennung Karls des Großen als Kaiser. Ein Kapitel aus der Geschichte der mittelalterlichen »Staatssymbolik«, in: Historische Zeitschrift 172, 1951, Nr. 3, S. 449-515

SCHRAMM, PERCY ERNST UND FLORENTINE MÜTHERICH, Denkmale der deutschen Könige und Kaiser. Ein Beitrag zur Herrschergeschichte von Karl dem Großen bis Friedrich II. 768-1250, München 1962

SCHRAMM, PERCY ERNST, Kaiser, Rom und Renovatio. Studien zur Geschichte des römischen Erneuerungsgedankens vom Ende des karolingischen Reiches bis zum Investiturstreit, Darmstadt 1975 (3. Aufl.)

SCHRÖDER, STEPHAN, Das Lob des Flusses als strukturierendes Moment im Moselgedicht des Ausonius, in: Rheinisches Museum für Philologie 141, 1998, Nr. 1, S. 45-91

SCHÜPPEL, KATHARINA CHRISTA, Silberne und goldene Monumentalkruzifixe. Ein Beitrag zur mittelalterlichen Liturgie- und Kulturgeschichte, Weimar 2005

SCRIPTORES HISTORIAE AUGUSTAE, 2 vol. (Hg.: Ernst Hohl), Bd. I (Ed. stereotypa correctior add. et corr. adiecerunt Ch. Samberger et W. Seyfarth), Leipzig 1965

SEDLMAYR, HANS, Die Entstehung der Kathedrale, Graz 1976 [1950]

SEMMLER, JOSEF, Der Dynastiewechsel von 751 und die fränkische Krönungssalbung, Brühl 2003

SENECA, L. ANNAEUS, Ad Lucilium Epistulae Morales, in: ders., Philosophische Schriften, Bd. 4 (Hg. und Übers.: Manfred Rosenbach), Darmstadt 1984

SEYFARTH, ERICH, Fränkische Reichsversammlungen unter Karl dem Großen und Ludwig dem Frommen, Leipzig 1910

SINOPIEN UND STUCK IM WESTWERK DER KAROLINGISCHEN KLOSTERKIRCHE VON CORVEY (Hg.: Joachim Poeschke), Münster 2002

SMOLAK, KURT, Bescheidene Panegyrik und diskrete Werbung: Walahfrid Strabos Gedicht über das Standbild Theoderichs in Aachen, in: Karl der Große und das Erbe der Kulturen. Akten des 8. Symposiums des Mediävistenverbandes, Leipzig, 15.-18. März 1999 (Hg.: Franz-Reiner Erkens), Berlin 2001, S. 89-110

SPINOZA, BARUCH DE, Ethik in geometrischer Ordnung dargestellt (Hg. und Übers.: Wolfgang Bartuschat), Hamburg 1999

STEINEN, WOLFRAM VON DEN, Karl der Große und die Libri Carolini. Die tironischen Randglossen zum Codex authenticus, in: Neues Archiv der Gesellschaft für Ältere Deutsche Geschichtskunde 49, 1931, S. 207-280

STEPHENSON, JOHN W., Villas and Aquatic Culture in Late Roman Spain, in: The Nature and Function of Water, Baths, Bathing, and Hygiene from Antiquity through the Renaissance (Hg.: Cynthia Kosso und Anne Scott), Leiden und Boston 2009, S. 337-360

STORY, JOANNA, Charlemagne's Reputation, in: Charlemagne. Empire and Society (Hg.: dies.), Manchester und New York 2005, S. 1-4

STRATMANN, MARTINA, Einhards letzte Lebensjahre (830-840) im Spiegel seiner Briefe, in: Einhard. Studien zu Leben und Werk. Dem Gedenken an Helmut Beumann gewidmet (Hg.: Hermann Schefers), Darmstadt 1997, S. 323-339

STRONG, TRACY B. UND HELENE KEYSSAR, Anna Louise Strong: Three Interviews with Chairman Mao Zedong, in: The China Quarterly 103, 1985, S. 489-509

SUETONIUS TRANQUILLUS, GAIUS, Augustus. Lateinisch/Deutsch (Hg. und Übers.: Dietmar Schmitz), Stuttgart 1988

SUETONIUS TRANQUILLUS, GAIUS, Die Kaiserviten / De vita caesarum. Berühmte

Männer / De Viris Illustribus (Hg. und Übers.: Hans Martinet), Düsseldorf 1997

THIETMAR VON MERSEBURG, Chronicon (Hg.: Robert Holtzmann und Werner Trillmich). Chronik (Übers.: Werner Trillmich), Darmstadt 1992 (9. Aufl.)

THÜRLEMANN, FELIX, Die Bedeutung der Aachener Theoderich-Statue für Karl den Großen (801) und bei Walahfrid Strabo (829). Materialien zu einer Semiotik visueller Objekte im frühen Mittelalter, in: Archiv für Kulturgeschichte 59, 1977, S. 25-65

THYEN, HARTWIG, Das Johannesevangelium, Tübingen 2005

TISCHLER, MATTHIAS M., Einharts Vita Karoli. Studien zu Entstehung, Überlieferung und Rezeption. Teile 1, 2 (= Monumenta Germaniae Historica, Schriften 48), Hannover 2001

TÖPFER, KLAUS UND RANGA YOGESHWAR, Unsere Zukunft. Ein Gespräch über die Welt nach Fukushima, München 2011

TRANSLATIO S. LIBORII (Hg.: Heinrich Georg Pertz), in: Monumenta Germaniae Historica, Scriptores (in Folio) 4 (= Annales, chronica et historiae aevi Carolini et Saxonici), Hannover 1841, S. 149-157

TRAUBE, LUDWIG, Zu Walahfrid Strabo's De imagine Tetrici, in: Neues Archiv der Gesellschaft für ältere deutsche Geschichtskunde 18, 1893, S. 664-665

TREMP, ERNST, Karl der Grosse als Rex Philosophus. Das literarische Nachleben, in: Die Zeit Karls des Grossen in der Schweiz (Hg.: Markus Riek, Jürg Goll und Georges Descoeudres), Sulgen 2013, S. 38-45

TRINKS, STEFAN, Antike und Avantgarde. Skulptur am Jakobsweg im 11. Jahrhundert: Jaca - León - Santiago (Actus et Imago = Berliner Schriften für Bildaktforschung und Verkörperungsphilosophie 4), Berlin 2012

UEBACH, CHRISTIAN, Die Ratgeber Friedrich Barbarossas (1152-1167), Marburg 2008

VEGETIUS RENATUS, PUBLIUS FLAVIUS, Abriß des Militärwesens. Lateinisch und Deutsch (Hg. und Übers.: Friedhelm L. Müller, Stuttgart 1997

VÉLEZ LATORRE, JOSÉ MANUEL, Alegoría e ideología: sobre una nueva Lectura del »De imagine tetrici« de Walafrido Estrabón, in: Actas. II Congreso Hispánico de Latín Medieval (León, 11-14 Noviembre de 1997), Bd. II (Hg.: Maurilio Pérez González), León 1998, S. 887-893

VOGT, CAROLINE, Kostbar, raffiniert, fragil. Textilien aus der Zeit Karls des Grossen auf dem Gebiet der heutigen Schweiz, in: Die Zeit Karls des Grossen in der Schweiz (Hg.: Markus Riek, Jürg Goll und Georges Descoeudres), Sulgen 2013, S. 212-223

VOLKMANN, HANS, Optimates, in: Der Kleine Pauly. Lexikon der Antike (Hg.: Konrat Ziegler und Walter Sontheimer), München 1975, Bd. 4, Sp. 320-322

VONES, LUDWIG, Zwischen Roncesvalles, Santiago und Saint-Denis. Karlsideologie in Spanien und Frankreich bis zum Ausgang des Mittelalters, in: Zeitschrift des Aachener Geschichtsvereins 104/105, 2002/2003 (= Karl der Große und sein Nachleben in Geschichte, Kunst und Literatur [Hg.: Thomas Kraus und Klaus Papst], Aachen 2003), S. 577-635

VONES, LUDWIG, Heiligsprechung und Tradition: Die Kanonisation Karls des Großen 1165, die Aachener Karlsvita und der Pseudo-Turpin, in: Jakobus und Karl der Große. Von Einhards Karlsvita zum Pseudo-Turpin (Hg.: Klaus Herbers), Tübingen 2003, S. 89-106

WACKERNAGEL, WILHELM, Über die Spiegel im Mittelalter (1861), in: ders., Abhandlungen zur deutschen Alterthumskunde und Kunstgeschichte, 1872, Neudruck Osnabrück 1966, S. 128-142

WALAHFRID STRABO, De Imagine Tetrici (Hg.: Ernst Dümmler), in: Monumenta Germaniae Historica, Antiquitates. Poetae Latini medii aevi 2 (= Poetae Latini aevi Carolini II), Berlin 1884, S. 370-378

WALAHFRID STRABO, Visio Wettini (Hg.: Ernst Dümmler), in: Monumenta Germaniae Historica, Antiquitates. Poetae Latini medii aevi 2 (= Poetae Latini aevi Carolini II), Berlin 1884, S. 301-333

WALAHFRID STRABO, Vita Sancti Galli (Hg.: Bruno Krusch), in: Monumenta Germaniae Historica, Scriptores rerum Merovingicarum 4 (= Passiones vitaeque sanctorum aevi Merovingici II), Hannover 1902, S. 280-337

WARBURG, ABY, Der Bilderatlas Mnemosyne (Hg.: Martin Warnke unter Mitarbeit von

Claudia Brink) (= Gesammelte Schriften. Studienausgabe, Zweite Abteilung, Bd. II.1), Berlin 2003 (2. Aufl.)

WATKINS, RENÉE, L. B. Alberti's emblem, the winged eye, and his name, Leo, in: Mitteilungen des Kunsthistorischen Instituts in Florenz 9, 1960, Nrn. 3/4, S. 256-258

WENDERHOLM, IRIS, Aura, Licht und schöner Schein. Wertungen und Umwertungen des Goldgrundes, in: Geschichten auf Gold. Bilderzählungen in der frühen italienischen Malerei (Hg.: Stefan Weppelmann), Berlin und Köln 2005, S. 100-113

WERNER, KARL FERDINAND, Bedeutende Adelsfamilien im Reich Karls des Großen, in: Karl der Große. Lebenswerk und Nachleben (Hg.: Wolfgang Braunfels), Bd. I: Persönlichkeit und Geschichte (Hg.: Helmut Beumann), Düsseldorf 1965, S. 83-142

WHITEHEAD, ALFRED NORTH, Kulturelle Symbolisierung (Hg. und Übers.: Rolf Lachmann), Frankfurt am Main 2000

WIEGARTZ, VERONIKA, Antike Bildwerke im Urteil mittelalterlicher Zeitgenossen, Weimar 2004

WIRTH, JEAN, Die Bildnisse von St. Benedikt in Mals und St. Johann in Müstair, in: Für irdischen Ruhm und himmlischen Lohn. Stifter und Auftraggeber in der mittelalterlichen Kunst (Hg.: Hans-Rudolf Meier, Carola Jäggi und Philippe Büttner), Berlin 1995, S. 76-90

WOLF, GERHARD, Schleier und Spiegel. Traditionen des Christusbildes und die Bildkonzepte der Renaissance, München 2002

WOLF, GUNTHER G., Einige Beispiele für Einhards hofhistoriographischen Euphemismus, in: Einhard. Studien zu Leben und Werk. Dem Gedenken an Helmut Beumann gewidmet (Hg.: Hermann Schefers), Darmstadt 1997, S. 311-321

WREDE, HENNING, Die spätantike Hermengalerie von Welschbillig. Untersuchungen zur Kunsttradition im 4. Jahrhundert nach Chr. und zur allgemeinen Bedeutung des antiken Hermenmals (= Römisch-germanische Forschungen 32), Berlin 1972

WYNMANN, NIKOLAUS, Colymbetes, sive de Arte Natandi, Regensburg 1538

YEGÜL, FIKRET K., Baths and Bathing in Classical Antiquity, Cambridge/Mass. und London 1992

YERASIMOS, STÉPHANE, Konstantinopel. Istanbuls historisches Erbe, Königswinter 2005

ZANKER, PAUL, Augustus und die Macht der Bilder, München 1990

ZHISUI, LI, The Private Life of Chairman Mao, New York 1994

图 版 出 典

1 Lex Romana Visigothorum, Lex Salica, Lex Alamannorum, 794, Handschrift auf Pergament, St. Gallen, Stiftsbibliothek, Cod. Sang. 731, S. 111
2 Silber, 1,75 g, Durchmesser 20 mm, Münzkabinett der Staatlichen Museen zu Berlin, Objektnummer 18202712, Foto Lutz-Jürgen Lübke
3 Silber, 1,59 g, Durchmesser 19 mm, Paris, Bibliothèque Nationale de France
4 u. 5 Foto, London, Warburg Institute, Warburg-Archiv
6 Foto Roger-Viollet, Getty Images, Nr. 92424847
7 Foto Hou Bo [http://academics.wellesley.edu/Polisci/wj/China/CRSongs/sailingtheseas.html, abgerufen am 18.07.2012]
8 Foto veröffentlicht von der chinesischen Xinhua-Nachrichtenagentur, AFP/Getty Images, Nr. 51399349
9 http://www.geschichteinchronologie.ch/as/china/China-06-1965-1976-kulturrevolution-personenkult-viererbande-Taiwan.html, abgerufen am 18.7.2012
10 Münster, LWL-Museum für Kunst und Kulturgeschichte, Inv.Nr. C-18991 LM, Foto Hanna Neander
11 Les Anciennetez des Juifs selon la sentence de Josephus, Paris, Bibliothèque Nationale de France, fr. 14, fol. 21, Ausschnitt
12 Berlin, Staatliche Museen, Kupferstichkabinett, bpk, Inv.Nr. 899-100, Bildnr.: 00025007
13 Roman d'Alexandre, Paris, Bibliothèque Nationale de France
14 Fundort: Apulien; British Museum, E 466, Inv.Nr. 1867.0508.1133
15 Forschungs- und Landesbibliothek Gotha, Ms. Memb. I 90, fol. 139v
16 Petrus von Eboli, Liber ad honorem Augusti, Bern, Burgerbibliothek, Codex 120. II, fol. 107r
17 Vorlage im Zweiten Weltkrieg verbrannt; fol. 135
18 Entnommen aus: Kunst und Kultur der Karolingerzeit 1999, Bd. 1, S. 4–5
19 Plan nach Heinz Cüppers und Leo Hugot, ergänzt durch Andreas Schaub
20 Entnommen aus: Römisches Aachen 2013, S. 249, Abb. 23
21 Entworfen von Leo Hugot 1965
22 Grafik Tilmann Steger
23 Bonn, Rheinisches Landesmuseum, Inv. Nr. RISTOW 2007 T47, Foto Rainer Burkard
24 Ashmolean Museum, University of Oxford, Bridgeman Art Library
25 Foto Joachim Schaffer
26 Entnommen aus: Imhof/Winterer 2013, S. 180
27 Ursprünglich in der Kathedrale in Metz, 23,5 cm hoch, Paris, Musée du Louvre, Inv. Nr. OA8260, Foto bpk/Bildnr. 00104000
28 Foto Laura Dutton, mit freundlicher Genehmigung der Fotografin
29 Bonn, Rheinisches Landesmuseum, Inv. Nr. RISTOW 2007 T47
30 Paris, Bibliothèque Nationale de France, nouv.acq.lat. 1203
31 Entnommen aus: Die Zeit Karls des Grossen in der Schweiz 2013, S. 212, Abb. 1
32 Aachen, Domschatz, Inv.Nr. T01601
33–37 Cod. Sang. 60, St. Gallen, Stiftsbibliothek (http://www.e-codices.unifr.ch/en/list/one/csg/0060)
38–40 Cod. Sang. 53, St. Gallen, Stiftsbibliothek (http://www.e-codices.unifr.ch/de/list/one/csg/0053)
41 Aachen, Domkapitel, Höhe: 80 cm
42 Rom, Kapitolinische Museen
43 Entnommen aus: Künzl 2003, S. 14, Abb. 25
44 Aachen, Dom, Foto Stefan Trinks
45 Ursprünglich in der Kathedrale in Metz, 23,5 cm hoch, Paris, Musée du Louvre, Inv.Nr. OA8260
46 Paris, Musée du Louvre, 34,2 x 26,8 cm, Inv.Nr. OA9063

47 Entnommen aus: Nelson 2001, S. 221, Fig. 1
48 Entworfen von Leo Hugot 1965; Einfügung der Reiterstatuette Karls des Großen als Simulation des Theoderich-Monuments
49 Entnommen aus: Frugoni 1984, S. 43, Abb. 11
50 Bern, Burgerbibliothek, Cod. 264, fol. 83
51 Paris, Bibliothèque Nationale de France, ms, fr. 10 440, f. 45r
52 u. 53 Foto Horst Bredekamp
54 Entnommen aus: Grimme 1985, S. 65, Abb. 18
55 Entnommen aus: Grimme 1985, S. 67, Abb. 20
56 Foto Stefan Trinks
57 Foto Horst Bredekamp
58 Aachen, Domkapitel, Höhe: 80 cm
59 u. 60 Foto Horst Bredekamp
61 Links: Paris, Bibliothèque Nationale de France; rechts: Foto Horst Bredekamp
62 Foto Horst Bredekamp
63 Bronze, 14,6 cm x 11 cm, Inv. Nr.: Misc. 8526, 150a, Staatliche Museen zu Berlin, Antikensammlung, Foto Johannes Laurentius
64 u. 65 Foto Horst Bredekamp
66 Paris, Bibliothèque Nationale de France, MS lat. 9428, fol. 43v, Ausschnitt
67 Stuttgart, Württembergische Landesbibliothek, Cod. bibl. fol. 23, f. 107v, Ausschnitt
68 Fulda, Domschatz / Hessische Landesbibliothek, 28,5 x 19,0 cm, 65 Blätter, Cod. Bonifat. III, fol. 19v
69 Paris, Bibliothèque Nationale de France, nouv. acq. lat. 1203, fol. 4r

人名索引

ア

アインハルト　27, 28, 29, 32, 33, 34, 35, 36, 37, 39, 40, 41, 42, 43, 44, 45, 48, 53, 59, 60, 70, 71, 76, 77, 89, 91, 92, 93, 94, 96, 101, 149, 152, 153, 164
アウグストゥス（皇帝）　7, 29, 32, 41, 42, 43, 44, 77, 78
アグネルス　76, 79, 80
アブール・アッバス（象）　57, 71
アルクイヌス　8, 38, 39, 40, 49, 77, 98, 110, 122
アルフレッド・ノース・ホワイトヘッド（哲学者）　123
アルベリヒ・フォン・トロワ-フォンテーヌ　33
アルベルト・フォン・シュターデ　21
アンナ・ルイーズ・ストロング　13

イ

イサムバルド　53
イジドール・フォン・セヴィリャ　107
イマド・アド-ディン　23
イマヌエル・カント　8

ウ

ヴァールブルク　11, 119
ヴァラフリド・ストラボ　33, 43, 68, 79, 90, 109, 125, 166
ヴァルター・マイアー　11
ヴィドゥキント　28
ウィリアム・エドワード・ブルクハルト・デュ・ボワ　13
ヴィリギス　101
ヴェッティヌス　91, 109
ウラジミール・プーチン　147
ウルリッヒ　147

エ

エラガバルス（皇帝）　42
エルモルドゥス・ニゲルス　55, 56

オ

オウィディウス　43
オットー二世（皇帝）　18
オド（王）　60, 61

カ

カール・シュミット　124
カール大帝　5, 6, 7, 8, 9, 24, 25, 27, 28, 29, 30, 31, 32, 33, 34, 35, 36, 37, 38, 39, 40, 41, 42, 43, 44, 45, 47, 48, 49, 50, 51, 52, 53, 54, 55, 57, 58, 59, 60, 61, 65, 66, 69, 70, 71, 73, 74, 75, 76, 77, 78, 80, 81, 83, 87, 88, 89, 90, 91, 92, 93, 94, 96, 99, 101, 102, 106, 108, 114, 117, 118, 119, 120, 122, 123, 124, 126, 127, 133, 137, 145, 146, 149, 153, 155, 156, 157, 159, 166
カール禿頭王　51, 60, 114, 116, 153, 159
カエサル　41, 170, 172
カスウルフ（僧）　7
カトー（父）　42
ガルス　68, 69, 70

キ

キケロー　42, 152
ギスレーベルト・フォン・モンス　21

ク

クラウス・トプファー　147
グレゴリウス　80

ケ

ゲオルグ・デヒオ　83

コ

ゴットフリート・ヴィルヘルム・ライプニッツ　115
ゴデスカルク　58, 121, 123
コンスタンスⅡ世　157
コンスタンティヌス　86
コンラート　24

サ

ザカリアス(教皇)　48

シ

シャーリイ・グラハム・デュ・ボワ　13
シュジェール　116

ス

スエトン　42, 43, 152
スキンティラ　79, 83, 84, 85, 86, 87, 88, 89, 92, 159, 166, 167, 168, 169, 170
ステファン二世　48
スピノザ　115

セ

ゼウキス　152
セネカ　42, 120

テ

ティートマール・フォン・ベルゼブルク　18
ディオニューシウス・アレオパギタ　116
テオドゥルフ・フォン・オルレアン　78
テオドリクス　71, 75, 76, 77, 79, 80, 81, 83, 84, 85, 86, 87, 88, 89, 90, 91, 92, 93, 94, 95, 101, 132, 157, 158, 159, 166
デキムス・マグヌス・アウソニウス　43

ト

トゥオティロ　66, 68
トマーゾ・ガルツォーニ　17
ドミティアヌス(皇帝)　42, 152

ニ

ニコラウス・フォン・キュース　115

ノ

ノートケル・バルブルス　30, 31, 38, 53, 59, 69, 113, 122

ハ

パーシイ・アーネスト・シュラム　119
パウルス・ディアコノス　77
ハドリアヌス(教皇)　76, 88, 122
ハラルド　55
ハルトマヌス・マウルス　74
ハルン(ペルシャ王)　60
ハルン・アル‐ラシッド(カリフ)　57

ヒ

ヒエロニムス　151
ピピン　31, 35, 48, 55, 90, 122, 173
ピピン三世　30, 31, 33, 38, 48
ヒラム・フォン・テュルス　102
ヒルティボルト　68, 69
ヒルデガルト　122
ヒルデリヒ一世(メロヴィング朝の王)　47
ヒルデリヒ三世　48
ヒルドゥイン　90, 92, 160

フ

ププリウス・フラウィウス・ヴェゲティウス 34
プラトン 9, 92, 95, 112, 171
フリードリヒ・バルバロッサ（皇帝） 19, 20, 21, 23, 25, 146, 156
プリニウス 162
プルタルコス 42
プルデンティウス 85
プロスペル・ティロ・フォン・アキタニエン 98
フロタリウス 53
フンフリト 50, 59

ヘ

ヘーゲル 114
ベーダ 107
ベッポ・グリロ 16
ベニト・ムッソリーニ 11

ホ

ボエティウス 80
ボニファティウス 49
ボニファティウスⅤ世（教皇） 107

マ

マグヌス・フェリックス・エンノディウス（司祭） 77
マタイ 112
マルク・ブロック 120

モ

毛沢東 11, 12, 13, 14, 15, 16, 124, 146, 147
モーゼ 78, 79, 171

ユ

ユーディット 160, 173, 174
ユスティリアヌス（皇帝） 86

ヨ

ヨナス・フォン・オルレアン 111
ヨハネス・スコトゥス・エリウゲナ 114-116

ラ

ラバヌス・マウルス 34, 49, 54, 120, 150

リ

李志綏 13

ル

ルートヴィヒ（皇帝） 25, 33, 36, 54, 55, 56, 90, 91, 93, 111, 153, 155, 157, 158, 160, 166, 167, 173

レ

レオⅢ世（法王） 7

ロ

ロタール 36, 90, 93, 160, 172
ローラン 24, 47

訳者あとがき ―― 四元素史学に向けて

　2014年は一次大戦勃発100周年を迎えて、わが国でも多くの大戦研究が発表されたが、同じ年がカール大帝没後1200周年に当たったことについてはさほど関心は払われなかったようである。さすがにヨーロッパではEUという群体に生息する身であれば、ヨーロッパの版図を作った初の君主ということで派手な企画がお目見えした。Karl der Grosse－Orte der Macht という大きな展覧会が開かれ、大冊3巻のカタログ（Sandstein Verlag, 2014）を残している。ブレーデカンプのカール大帝研究もおおむね歴史学会の動きに並行するものだが、歴史学的研究にしては著しくイコノグラフィックで、かつレトリカルなスタイルを貫徹するもので、特異な地位を占めている。

　著者自身は自分のポジションにきわめて明晰な意識を持っていて、ヴァールブルクの図像学を中世史家として受け継ぐパーシイ・エルネスト・シュラムの研究を後継しようと言う。その場合、シュラムの中世史家としてのテーマよりは、汎用性の高い国家記号学の、とりわけ絵的因子の研究手法を受け継ごうという。シュラムのいう国家記号学の絵的因子とは、王権標章や衣裳、玉座、肩書、名誉称号、証書作成、組み文字(モノグラム)、印章、金印封書、コイン、肖像、芸術作品、戴冠や葬式の儀式典礼、祈祷、賛辞、身振り、武器装飾、王の正餐の形式……。

　本書はそのまま国家記号学を受け継いで権力維持のためのさまざまな因子を数え上げるというより、むしろそれぞれが単なる参照項目と化して干からびないように、という図像学・形象学からの提案である。つまり記号を「流体化」する提案でもある。

　底本は Horst Bredekamp: Der schwimmende Souverän Karl der Große und die Bildpolitik des Körpers（2014 Wagenbach）。

　（なお本書を読んでいくうえで、エインハルドゥス／ノトケルス『カルロス大帝伝』（國原吉之助訳、筑摩書房、1988）、中世思想原典集成6「カロリング・

ルネサンス」(上智大学中世思想研究所編訳、平凡社、1992) 就中、「カロリング・ルネサンス」にはヴァラフリド・ストラボの「ヴェッティヌスの幻視」とエリウゲナの「ペリフュセオン」、アルクイヌスなどの所論も訳されてあり、手厚い翻訳文化の恩恵に浴することができた。本書付録、渡邊顕彦訳のストラボの戯文もこれら基本文献の仲間入りできることを自慢に思う)。

＊＊＊

まず、何よりカール大帝は泳ぐ。ムッソリーニも、毛沢東も、プーチンも。それは政治の絵柄としては平凡な始まり方のように見える。権力者が、肉体を、体力を誇示するのは当たり前、当たり前とはいえ、現実には非凡な力を発揮する。どこからその効力は生まれるのか？（毛沢東の渡江歌については同僚の佐藤実氏に読み下していただいた)。

カール大帝の戴冠（AD.800年）は「ヨーロッパ」の成立にとって最大級に重要な事件なので、その歴史的政治的意味については膨大な議論が積み重ねられてきた。だからこそ、まるで大テーマに隠れるふうにカール大帝の「泳ぎ好き」とか「狩猟好き」はエピソード化していった。こうしたエピソードは歴史愛好家にとって楽しいものだが、泳ぐという卑近な身振りは、王の身体のスペクタクル化というテーマとなるにとどまらず、身体そのものが舞踏、彫刻、「活人画」という身体形象の伝統の一環なのだ。

またいろいろのアーヘン案内を見ても、広場にあった有名なブロンズ像のことをオオカミ像としているが、細かいことながら、ブレーデカンプは熊であると実証し訂正する。それはしかしさらに熊を収容した動物柵、さらには楽園の演出につながっていくために必要なディテールだった。もしかすると「熊」は旧約聖書の陸獣ベヘモトの記憶かもしれないので、動物柵に注目するのは、神話的暗黒の力の現前とそれを支配して見せる王権の話だったろうか？　ブレーデカンプは小さなものら<ruby>を<rt>エピソード</rt></ruby>統治戦略として順々に解き明かしながら、最後にはカール・シュミットの「海」と「陸」とがせめぎあう大きな世界史を射程に入

れているのだ。

　カール大帝は厳格な政体を作り上げているわけではないのに巨大な版図を「ヨーロッパ」として維持したのだから、そのための統治技術はEUの結束と──何より今は──解体の問題にとっても緊急な関心事だろう。その点、象徴を駆使する政治技術については、かつてケネス・バークの政治論や山口昌男氏の祝祭論が唱えたことだと記憶しているが、権力者の役目に祝祭の主宰というのがあった。ブレーデカンプでは、祝祭を主宰することが一段と官能的に提示されている。

＊＊＊

　官能的な史学がどうやって可能か？　訳者はそれをレトリカルな力と簡単に言っておいた。しかしブレーデカンプの自覚的説明によれば、ふたつの基本姿勢があって、ひとつは政治記号学の根幹に、とりわけ君主の身体、すなわち視覚メディアがあるという考え。もうひとつは国家記号学の絵的因子への共感の仕方。

　まず、君主の視覚メディアとしての身体について、著者は「身体図式の形象による行為　der schematische Bildakt」という耳慣れない用語を盛んに使う。直訳すれば「図式的イメージ行為」という訳もありうる。図式(シェーマ)といえば感覚の多様性がカテゴリー化される前にもっと感覚的な図式を介在させるはずだというカントの説を思い出させるのだが、ブレーデカンプはもっと古く、むしろ古代ギリシアの身体運用の「型(シェーマ)」として理解してくれるよう要求する。プラトンまで出てくるのでは難解な予感がするのだが、思いがけないことにアスリート界では常識なのだろう、「ちゃんと身体図式をマッピングしておかないと、体が動かないよ」というハンマー投げの室伏広治氏の目覚ましい言葉が、ここにぴったりはまるのは如何なることか。

　君主は自分の身体をアレゴリーのように使うが、そういう意味内容のことではなく、身体を促し動かすのが、身体図式なのだ。そしてその図式がさらに見

る者たちに同化を促す力があると、ここまでもプラトンの指摘したことだという。生身が政治的演技の手段として使われるときの圧倒的媒介力と考えられる。こうした一見分かりにくい概念手段を、本書はアーヘンの影像広場を例に活写してくれる。これには生身を静止させたアートの表現、すなわちタブロー・ヴィヴァン、「生身の形象(レーベンデ・ビルダー)」芸術が含まれる。つまり人を動かす説得術には、生身の静止芸術(タブロー・ヴィヴァン)、生身のような（リアリズムの）彫像といった「身体図式による形象行為」があって、これらには他者や動物だけでなく無機物とも境界を危うくさせる独特の融解状態が生まれるのである。

＊＊＊

タブロー・ヴィヴァンについて、少し注釈を。「活人画」という伝統の訳が昔からある。ゲーテの『親和力』中の有名な場面であるが、旧知の銅版画にならってその場面の人物を貴族たちが扮して再現するのである。「演ずる人々はみな役にふさわしく、色彩の配合も成功し、照明もまた芸術性に富んでいたので、見る人はこの世ならぬところにある思いだった。ただ絵の中の仮象の位置に、現実のものが存在していることが、一種不安な感じを呼び起こした」（柴田翔訳、講談社文庫）と。絵なのだが、現実、なのだが、不安(フィクション)……。この場合「活人画」という用語は正確であると思うが、この表現の仕方にはそれなりの歴史がある。

ブレーデカンプが本書の前に発表した『形象行為 Bildakt』（未訳、2012）では、人体による彫像群という形のタブロー・ヴィヴァン――生身の形象(レーベンデ・ビルダー)という単語の方をブレーデカンプは使う――が山車の上にあしらわれている例が多数取り上げられる。もっとも、ブレーデカンプの仕事よりはるかに昔、ジョージ・R・カーノードル『ルネサンス劇場の誕生―演劇の図像学』（原著1944年、佐藤正紀訳、晶文社）は、町々への入城に際して行われる祭礼の様子をあまた伝えている。むろんカーノードルは舞台の額縁(プロセニアム)がどのように発達してきたのかを追求すべく、狭い劇場史から祝祭へと解放されることが目的だったのだが、

山車や凱旋門や劇場のサイドハウスなどに、多く生身の人間の扮する彫像が額縁として登場している史実を多数収集しておいてくれた。ブレーデカンプはそれらの特徴が、生身の人間だという点、生身の人間と間違うほどリアルだという点にあると見る。そこのところが訳者には最も隔靴掻痒、ぴしっと理解しがたいところなのだが、彼らの発達させた様々な局面におけるリアリズムは、ここ、人間の身体、しかもヌードに極まる、見た目のリアルさこそ最も説得性があるという猛烈な視覚偏重の文化から来るもので、これほど視覚的リアルさを追求した彫像文化は世界のどこにも展開することはなかった。

　生身である、もしくは――同じことだが――生身のように見える、とにかく「生身」には特別の地位がある。それは古代ギリシアの表象感覚、それこそ「身体図式」の固有の伝統感覚なので、「眼前にまざまざと見せる」ことをギリシア語で「エナルゲイア」というのだと、ブレーデカンプのみならず、『オンリー・コネクト』（足達薫、石井朗、伊藤弘明訳、ありな書房）のジョン・シアマンもその根源的働きについて、わざわざ一章を捧げるテーマである。

　超リアルな彫像へのこだわりは、中世・ルネサンスの身体図式から、17世紀スペインの騙し絵のようなキリスト像（折伏芸術）に極まっていくし、19世紀は『親和力』のような高度な審美世界から市民化の一途をたどり、さらには労働者のデモの花形として登場することもある。20世紀以降になっても名画を人体で再現し、それを写真に撮ってさらに加工する、といったフィクションと現実の境を抹消して見せる遊戯が継続する。もしその画題が彫像から人体への変身を示すピグマリオン神話だったりするとさらに幻惑感が増大する――という具合に、どうしても主観と客観の揺らぎを招来する。

＊＊＊

　カール大帝の儀礼政治の中心にこうした視覚に誘発される揺らぎ空間があるというのが、形象学（ビルトヴィッセンシャフト）としての本書の主張だった。カール大帝は身体図式による形象行為のあらゆる要素を鮮やかに導入してくれたので、生身からの距

離に応じて、つまり生身という最高のリアル・レベルから、段々に比喩のレベルへと移行していくことで、大帝の典礼が出来上がっている。「序」の最後の一文が、早々に全体の形象群を大づかみにまとめている。

> つまり君主の泳ぐ身体と彼の整髪ぶりに発し、猛獣の狩猟と飼い馴らしを経て、芸術的人工物に命を与え生身の形象(レーベンデ・ビルダー)に達し、形象作品にアニマを吹き込んで、ついには身体、彫刻、鏡の合奏に極まっていくのだ。

　本書の主張をまたこう言い換えることもできる。生身のリアリズムが民衆を王権賛仰へと巻き込むのだと。そこで仕上げに、彫像群を配した温泉一帯が、どのように祝祭空間として説得性を持たされたかが描写される。
　羽目を外した祝祭群衆へと「糞まみれの輩」（ストラボ）が読み替えられる。カール大帝が東ゴート王テオドリクスを騎馬像としてアーヘンに引用した、その王を祝祭の王とすることによって、テオドリクス騎馬像の設置場所が彫像政治の祝祭空間に読み替えられる。水浴の最中の皮膚感覚から狩猟や動物園による楽園幻視、彫像群による祝祭空間の演出に、それら一切を反射させる大聖堂の青銅扉、光の政治学に至るまで、カール大帝の絢爛たる形象政治である。
　その際、テオドリクス騎馬像を貶めるストラボの戯文（付録参照）が、生者を描写しているのか、彫像を描写しているのか、判読不能であることも、彫像の「生身としての形象」という境界性を示しているのだと分析される。「生きていないものと生きているものの境界を撤廃することこそ皇帝の形象政治の本質要素である」。リアルな彫像群の集合は、大聖堂の扉に反射して、いっそうシュル・レアルに超常空間を用意してくれる。皇帝というフィクションが君臨するのはそこなのだ。
　それゆえ主観的テクストと客観的史料という二項対立にはならないのだというのももっともである。史料は史料として客観的にそこにあるのではない、しかも主観的査定のレベルが紛れ込むから難しいのだというような話ではない。

もっとびっくりさせるような言い方だが、もともと「国家記号学そのものが流体であるのだ」と——カール大帝の権力の在り方が水泳に始まり、温泉を経て、彫刻群や動物園……等々を経て、果ては彩色写本が水溶性なのだと締めくくるからには、著者は四元素詩学ならぬ四元素史学をやって見せようとしている。それも人間の想像力が四元素に収斂されるというような主張ではなく、扱う史料そのものが水溶性であるというのだ。

最後に点睛を入れるかのように触れられるカール・シュミットの『陸と海と』（生松敬三、前野光弘訳、慈学社）ではカール大帝の時代は中世暗黒の「陸国化の時代」と定義されている、これには正面から反駁はしないままブレーデカンプはじつは完全にそれをひっくり返し、カール大帝の国を見るからに「水国」化してしまった。のみならず、世界はメディアの大海に浸るところで筆は擱かれる。どうやら世界は「充満の原理」が支配している。媒質(メディア)が資料と解読者、読者の間を埋める。それは水なのだ。世界は水溶性なのだから、世界を読み解くのは四元素のうち水の史学なのである。

＊＊＊

ところで再度1914年。一次大戦が暴発する数か月前、カール大帝没後1100周年が祝われていた。大帝の首都アーヘンでは大掛かりな「生身の形象(レーベンデ・ビルダー)」芸術が企画され（1914年2月1日〜8日）、写真帳となって残された。表紙には金文字で「カール大帝没後1100年記念、レーベンデ・ビルダー」と麗々しく銘打たれている。

カール大帝が重用した「生身の形象(レーベンデ・ビルダー)」が10世紀を経て、大帝自らセピア色に「生身の形象」となって痕跡を顕した。大帝の生涯を6つの場面に構成したのは、画家ヘルマン・クラーフォルスト（1872-1943）、残された6葉の写真には生身の人間たちが大規模な彫像群となって佇立しているのが見て取れる（写真では演劇の一場面と何ら変わりがないのだが）。最後のページはカール大帝の厳粛な葬式場面で締めくくられる。今や大帝はフランク族の王ではなく、ゲル

マン民族の王として人々を総動員していく力を発揮する。

　思い起こせば、すでにヴァーグナーによる「ジークフリートの葬送行進曲」もある。凝固した葬列が、じわじわと動き始める、その圧倒的な誘惑力、一次大戦にはカール大帝を囲む葬列の生身の形象たち、すなわち「霊的軍団」（H・P・デュル）、「死者の一団」（C・ギンズブルグ）もまた動員されたに違いない。そういえば当時の錯視施設「パノラマ館」もまたしきりに大衆的人気の「セダンの戦い」──プロイセンの圧倒的勝利体験──を再現して、戦場全体を「生身の形象〔レーベンデ・ビルダー〕」として召喚した。大戦は暴発ではなかった、すでに辺り一帯に妙に陽気な空気が瀰漫していたのだ。

　アーヘンでのカール大帝の「生身の形象〔レーベンデ・ビルダー〕」にはヴィルヘルム・ヘルマンによるバラードがつけられており、二人の女優がそれを朗読したという記録だ。そのうちの一人に、テア・フォン・ハルボウの名前があった。そういえばやがて一次大戦を経験した彼女が台本を担当する民族没落劇『ニーベルンゲン』（1924）の、人間にせよ、建築にせよ、圧倒的タブローを見せる連続、それにディストピアの名作『メトロポリス』（1926）の人心を扇動してやまないアンドロイド・マリアの図式的身振り、これらに思いをいたせば、映画を介してさらに次の無意識へと誘惑する力が、中世的巨人の「形象行為〔ビルトアクト〕」にはあったのだろうと想像しないではいられない。

訳者識

〈訳者略歴〉

原　研二（はら・けんじ）

- 1978年　東京大学人文科学科大学院独文学博士課程中退
- 1978年　名古屋大学教養部ドイツ語講師
- 1981年　ウイーン大学人文学部演劇学科留学（1983・9帰国）
- 1986年　東京都立大学人文学部独文学研究室助教授
- 1996年　東京都立大学人文学部独文学研究室教授
- 2007年　大妻女子大学比較文化学部教授
    現在に至る

主な著書：『シカネーダー』（平凡社），『グロテスクの部屋』（作品社），
　　　　　『オペラ座』（講談社）
主な訳書：ジョン・ノイバウアー『アルス・コンビナトリア』（ありな書房），
　　　　　H・P・デュル『再生の女神セドナ』（法政大学出版局）
　　　　　ホルスト・ブレーデカンプ『モナドの窓』（産業図書）
　　　　　ホルスト・ブレーデカンプ『芸術家ガリレオ・ガリレイ』（産業図書）
　　　　　ホルスト・ブレーデカンプ『ライプニッツと造園革命』（産業図書）
　　　　　エルネスト・グラッシ『形象の力』（白水社）

泳ぐ権力者
カール大帝と形象政治

2016年12月25日　初　版

著　者　ホルスト・ブレーデカンプ
訳　者　原　研二
発行者　飯塚尚彦
発行所　産業図書株式会社
　　　　〒102-0072 東京都千代田区飯田橋2-11-3
　　　　電話　03(3261)7821(代)
　　　　FAX　03(3239)2178
　　　　http://www.san-to.co.jp
制　作　株式会社 新後閑
装　幀　遠藤修司

© Kenji Hara 2016
ISBN-978-4-7828-0180-2 C1010